LIBRAIRIE HACHETTE ET CIE

EXPOSITION UNIVERSELLE

DE 1889

LIBRAIRIE HACHETTE ET CIE

EXPOSITION UNIVERSELLE

DE 1889

LIBRAIRIE HACHETTE ET CIE

EXPOSITION UNIVERSELLE

DE 1889

Le fondateur de notre maison, arraché à la carrière de l'enseignement par la fermeture de l'École normale en 1822, voulut continuer à enseigner en créant une librairie classique, à laquelle il donna cette devise : *Sic quoque docebo.* La devise de Louis Hachette est restée la loi de ses successeurs et la règle de notre maison. La très modeste librairie classique, qui eut son humble berceau rue Pierre-Sarrazin, était transformée, trente ans après sa naissance, par l'adjonction à notre catalogue classique primitif de toute une série de publications embrassant la *Littérature générale et les connaissances utiles*, plus les *Publications de grand luxe illustrées*, et l'on sait à quelle extension cette double création devait être appelée. Mais l'œuvre de Louis Hachette s'agrandissait sans

s'altérer, nous pourrions presque dire sans se mo-
difier. Elle demeurait, par excellence, une librairie
d'*enseignement*. Telle nous l'avons reçue, telle nous
la transmettrons à nos successeurs, et telle, nous en
sommes sûrs, ils auront à cœur de la remettre à ceux
qui viendront après eux.

Nous ne voulons pas, à l'occasion de l'Exposition
du Centenaire, refaire l'histoire de notre maison et
entrer dans le détail immense de son œuvre si variée.
Nous nous contenterons de passer une rapide revue
de l'ensemble de ses publications, en insistant plus
particulièrement sur le travail accompli depuis 1878,
c'est-à-dire sur plus de deux mille ouvrages édités
dans les onze années écoulées entre la dernière
Exposition universelle et celle d'aujourd'hui.

ÉDUCATION ET ENSEIGNEMENT

PÉDAGOGIE GÉNÉRALE

D'abord, la pédagogie. Les questions qui touchent à l'éducation, dans tous ses modes et à tous ses degrés, sont devenues l'une des grandes préoccupations de notre temps, l'une de celles, à coup sûr, qui lui font le plus d'honneur. Nous sommes entrés dans ce mouvement par un ensemble de publications qui forment, pour ainsi dire, le noyau d'une véritable *Bibliothèque classique de pédagogie*. C'est ainsi qu'à côté des ouvrages dogmatiques proprement dits on y trouve, présentées et commentées par nos maîtres d'aujourd'hui, tels que MM. Gréard, Compayré, Defodon, Steeg, etc., les œuvres les plus considérables des premiers maîtres de la pédagogie dans notre pays, MM. de Port-Royal, Fénelon, Mme de Maintenon, Rousseau, Condorcet. Mais le monument capital que nous avons élevé à la pédagogie, celui qui marque avec le plus d'éclat et, nous le croyons, d'efficacité notre désir de la bien servir, c'est le *Dictionnaire de Pédagogie*, publié sous la direction de M. Buisson. Le

nom et le rôle de M. Buisson sont connus. On sait que
l'enseignement primaire n'a pas, chez nous, d'apôtre
plus ardent; qu'il a fait, pour ainsi dire, du succès
de cet enseignement sa chose propre; qu'enfin il a de
tous les éléments de cette grave question une connaissance approfondie, et qu'il était difficile de trouver, pour une publication pareille, meilleure direction. Ajoutons à cela le choix de ses collaborateurs,
parmi lesquels sont les hommes les plus éminents qui
se soient occupés, chez nous, d'instruction publique;
enfin la nature même de l'ouvrage, destiné à dé-
tailler, article par article, ce que l'on peut appeler
l'*Encyclopédie de l'enseignement*, et l'on compren-
dra sans peine que cette encyclopédie, véritable nouveauté qui caractérise un des plus généreux soucis
de notre génération, soit en même temps, par excellence, une œuvre pratique, solide et féconde.

ENSEIGNEMENT PRIMAIRE

Nous ne rappellerons que pour mémoire la collection rédigée à l'usage des écoles maternelles et
enfantines par Mme Pape-Carpantier et le *Manuel
général de l'instruction primaire*, journal hebdomadaire fondé en 1832 par Louis Hachette, juste à
temps pour être l'auxiliaire le plus actif de l'homme

d'État éminent qui devait, l'année suivante, fonder
chez nous l'enseignement populaire, M. Guizot. Voilà
cinquante-sept ans que le *Manuel général* poursuit
son œuvre, avec une autorité, une mesure et une
passion du bien public reconnues de tous.

Est-il nécessaire de dire avec quelle persévérance
nous avons continué à travailler pour l'instruction
primaire, et ne serait-il pas fastidieux de donner
simplement la liste des publications que nous lui avons
consacrées rien que dans ces onze dernières années?

Citons seulement le *Cours complet d'enseignement
primaire*, comprenant plus de trente volumes, publiés conformément aux programmes de 1882, par
une réunion de professeurs qui ont su se mettre à
la portée des enfants.

Nous n'avons pas omis les nouveautés auxquelles
notre temps attache, à bon droit, tant de prix. Le
travail manuel, par exemple, a été l'objet de plusieurs publications importantes. Et nous signalerons
enfin, dans cet ordre, deux créations d'un intérêt par-
ticulier : un *Musée d'imagerie scolaire*, destiné, non
seulement à venir en aide aux divers enseignements
scientifiques, mais à familiariser nos enfants avec les
chefs-d'œuvre des arts plastiques (M. Ravaisson lui-
même a dirigé cette publication). Un musée d'un
autre genre a été, par les soins du docteur Saffray,

composé d'échantillons de produits naturels et de produits de l'industrie pris aux divers états de la fabrication. Ces produits, qui peuvent être placés dans les mains des enfants, leur permettent d'acquérir des connaissances précieuses sur tout ce qui est l'objet des leçons de choses et constitue la matière de l'enseignement scientifique élémentaire.

ENSEIGNEMENT SPÉCIAL

Lorsque M. Duruy fonda il y a vingt ans l'enseignement spécial, notre maison s'est trouvée immédiatement en mesure de fournir au nouvel enseignement son premier bagage de livres classiques. A la dernière Exposition universelle nous avions déjà publié pour cet enseignement 65 volumes.

Tous ces volumes ont été transformés depuis lors pour répondre aux nouveaux programmes et sont sans cesse tenus au courant des progrès de la science et des besoins de l'enseignement par MM. Ducoudray, Levasseur, Delacourtie, Lévy, Dalsème, Guillemin, Gossin, Joly, Perrier, Mangin, Seignette, etc. Une vingtaine de volumes rédigés récemment suivant les besoins nouveaux sont venus s'ajouter aux anciens.

ENSEIGNEMENT SECONDAIRE

DES JEUNES FILLES

Depuis onze ans, l'enseignement secondaire des jeunes filles s'est définitivement fondé. Cette nouveauté considérable a naturellement provoqué l'émulation de toutes les grandes maisons de librairie, et dans cette lutte nous avons travaillé à tenir dignement notre place. Pour la constitution d'une bibliothèque spéciale à cet enseignement, nous avons fait appel à des collaborateurs tels que MM. Brachet, Vapereau, Merlet, Ducoudray, Cortambert. Nous avons demandé à M. l'inspecteur général Manuel de diriger une collection d'ouvrages de littérature à l'usage des jeunes filles, à laquelle ont collaboré MM. Cahen, Lanson, Edet, Pellisson, etc. Il s'en est acquitté avec le tact qu'on pouvait attendre de l'auteur de tant d'excellents rapports sur l'agrégation des jeunes filles et avec le goût d'un écrivain et d'un poète.

ENSEIGNEMENT SECONDAIRE

CLASSIQUE

L'enseignement classique, faut-il le rappeler, a été le premier souci, la première ambition et est peut-être demeuré le premier honneur de notre maison. A l'origine, Louis Hachette a été le créateur des premières bonnes éditions classiques mises entre les mains des maîtres et des élèves. Depuis, ses successeurs se sont attachés à perfectionner ces premiers essais, à les renouveler sans cesse en les tenant soigneusement au courant des progrès de la science philologique. C'est pour rester fidèles à ce programme que nous avons, il y a longtemps, commencé nos deux séries d'éditions classiques : la première, in-8, plus spécialement rédigée pour les maîtres; la seconde, in-16, destinée surtout aux élèves. La première nous donne un genre de livres que nous étions réduits jusqu'ici à aller chercher en Allemagne; c'est l'exact pendant de la collection de nos *Grands Écrivains de la France*; la seconde ramène à la portée et accommode à l'usage des écoliers, qui peuvent ainsi en profiter sans se jeter dans une trop haute érudition, les résultats acquis par les grandes éditions savantes.

Au premier ordre appartiennent le *Virgile* de M. Benoist, l'*Iliade* et l'*Odyssée* de M. Pierron, le *Sophocle* de M. Tournier, l'*Euripide* et le *Démosthène* de M. Weil, et plus récemment le *Cicéron* de M. Thomas, le *Salluste* de MM. Lallier et Anthoine. Tous ces volumes d'une haute valeur philologique, tenus au courant des travaux français et étrangers à chaque édition nouvelle, sont remarquables en outre par la netteté et la beauté de l'impression. A la série plus spécialement scolaire appartiennent des volumes d'auteurs français, anciens et étrangers, au texte soigneusement étudié et commenté, au format élégant et commode. Les textes sont empruntés aux éditions savantes, mais on a pris soin que les notes fussent bien à la portée des écoliers, claires, précises et sans recherche de curiosités.

Quant à nos ouvrages se rattachant plus spécialement à l'enseignement supérieur, la liste en serait trop longue pour trouver place ici. Qu'il nous suffise de rappeler les noms de MM. Caro, Nisard, Patin, Boissier, Girard, Gréard, Martha, Jules Simon, et d'y ajouter, comme auteurs des plus importants travaux de cette nature parus dans ces dernières années, MM. Gaston Paris, Fustel de Coulanges, Lavisse, Bouché-Leclercq, Chatelain.

Enfin, nous avons publié récemment un *Nouveau Cours de Grammaire française*, par MM. Brachet et Dussouchet, et tout un ensemble d'ouvrages pour l'enseignement des langues vivantes, par M. Beljame pour l'anglais, par MM. Bossert et Beck pour l'allemand. Le cours de MM. Brachet et Dussouchet, digne, par la solidité et la sûreté de sa méthode, d'être rapproché de la grammaire latine de

M. Bréal, a reçu de la presse spéciale et compétente
et de tout le personnel enseignant le plus favorable
accueil. Quant aux travaux de MM. Beljame, Bossert
et Beck, ils sont consacrés par la faveur dont ils
jouissent auprès de tous les professeurs de langues
vivantes.

LITTÉRATURE GÉNÉRALE

ET CONNAISSANCES UTILES

COLLECTION

DES

GRANDS ÉCRIVAINS DE LA FRANCE

Nous entrons maintenant dans la seconde partie de notre domaine, qui a pris une telle extension qu'elle est devenue au moins l'égale de la première en date, la partie purement classique.

Dans ce nouvel ordre, il n'est que juste de donner la première place à la collection des *Grands Écrivains de la France*. On sait dans quel esprit cette entreprise considérable a été conçue et conduite jusqu'à ces derniers temps par l'homme éminent dont le nom vénéré est maintenant inséparable de cette œuvre, M. Adolphe Régnier : traiter nos grands écrivains du dix-septième siècle comme des anciens, et honorer leurs œuvres des mêmes hommages, des mêmes études et des mêmes soins qui avaient été jusque-là le privilège exclusif des écrivains de la Grèce et de Rome. Un tel travail était forcément très long, très délicat, très dispendieux. Nous l'avons poursuivi sans relâche depuis le jour où il a été commencé, plus soucieux d'y trouver honneur que profit, et il nous est donné de pouvoir aujourd'hui contempler presque dans son ensemble l'édifice élevé à la gloire de notre littérature classique. *Malherbe, Corneille, Madame de Sévigné, Racine*, ont depuis longtemps paru en entier. *La Bruyère* et *La Rochefoucauld* sont venus s'adjoindre aux précédents et sont terminés. Dix volumes de *Molière* et neuf volumes de *Retz* sont aux mains du public : tous deux sont donc bien près de leur achèvement. Nous avons donné, en outre, un volume de *Pascal* (les premières Provinciales), cinq de *La Fontaine*, six de *Saint-Simon*. Les juges compétents de ces sortes de travaux reconnaîtront que nous avons quelque droit d'être fiers et de la valeur de cette œuvre et du degré d'avancement où, en *vingt ans*, nous l'avons amenée. On sait d'ailleurs que cette collection a eu la faveur d'un prix exceptionnel, décerné par l'Académie française.

COLLECTION IN-4 ET IN-8

DE PUBLICATIONS LITTÉRAIRES, HISTORIQUES, SCIENTIFIQUES

Il s'agit ici d'une collection très variée par les matières, très considérable par l'importance et l'éclat du

plus grand nombre des publications qui la composent, et dont on peut dire qu'elles méritent vraiment
à notre librairie une place à part. Sans remonter jusqu'aux ouvrages antérieurs à 1878, nous mentionnerons des œuvres considérables, comme : *les Origines
de la France contemporaine* de M. Taine, *les Institutions politiques de l'ancienne France* de M. Fustel
de Coulanges, les captivantes études consacrées à
Paris par M. Maxime Du Camp, les beaux travaux de
M. Eugène Müntz sur la vie et les œuvres de Raphaël
et son premier volume de l'importante *Histoire de
l'Art pendant la Renaissance,* dont les cinq autres
volumes retraceront successivement l'Histoire de
l'art dans les différentes contrées de l'Europe,
depuis l'ère des Précurseurs jusqu'aux dernières
manifestations de la Renaissance, et nous insisterons
sur les travaux hors ligne de MM. Perrot et Chipiez,
Duruy et Élisée Reclus.

MM. Perrot et Chipiez, on le sait, ont entrepris
l'*Histoire de l'Art dans l'Antiquité.* Ils viennent de
commencer la publication de leur cinquième volume,
qui, par l'Asie Mineure, nous amène jusqu'au seuil
du monde grec. Les précédents étaient consacrés à
l'Égypte, la Phénicie, Cypre, l'Assyrie, la Chaldée.
L'étendue des recherches, l'exactitude de l'érudition,
la sûreté du goût assurent à cette œuvre considé-

rable, la première où ce vaste sujet ait été traité dans son ensemble, une incontestable autorité, consacrée, dès le début, par le suffrage du monde savant, non seulement chez nous, mais à l'étranger. Les travaux de reconstitution, si originaux et si éclairés, de M. Chipiez ajoutent à l'illustration de cette œuvre un intérêt de premier ordre.

M. Duruy a eu ce bonheur de terminer le monument qui a été la grande œuvre de sa vie. Après son *Histoire des Romains*, il a refait et achevé son *Histoire des Grecs*. Il y a là un majestueux ensemble de dix volumes qui seront l'honneur de toute bibliothèque. L'éloge de l'éminent historien n'est plus à faire. Tout le monde s'est depuis longtemps incliné devant la sûreté de sa critique, la hauteur, la pénétration, la sérénité de son esprit. Tout le monde a rendu justice à cette sévère conscience d'un historien qui refait dans sa verte vieillesse l'œuvre de son âge mûr, et combien différente, combien plus riche, plus forte, plus pleine de lumières, d'expérience et de leçons! Est-il besoin d'ajouter que les deux grandes histoires de M. Duruy sont illustrées avec un luxe qui fait de ces beaux volumes comme un véritable musée d'antiques?

La *Géographie universelle* de M. Élisée Reclus sera, sans contestation, l'une des grandes œuvres de notre siècle. On ne sait ce qu'il faut le plus y admirer, ou cette extraordinaire variété, il serait peut-être plus juste de dire cette universalité de connaissances, qui sous le titre de géographie nous offre une véritable encyclopédie ; ou cette exposition magistrale qui réunit, comme par une espèce de miracle, tous les genres d'intérêt ; ou ce style dont on peut dire, comme de celui de Buffon, qu'il est égal à la majesté du sujet, mais sans connaître l'apprêt ni l'emphase ; ou cette équité, cette modération dans les jugements, ce sens de l'humanité et de la justice que l'on ne trouve jamais en défaut ; ou enfin cette étonnante puissance de travail qui a permis à M. Reclus de poursuivre son œuvre jusqu'au quatorzième volume inclusivement sans une minute de retard ni de relâche. Nous avons, en somme, actuellement, de la main de M. Reclus, la description de notre planète, à l'exception de la seule Amérique. L'Ancien Monde tout entier — Europe, Asie, Afrique — et le monde Océanique sont terminés. Encore quatre volumes, et cette œuvre sans égale aura reçu son couronnement. M. Reclus, désireux de revoir encore une fois cette Amérique qu'il connaissait pourtant si bien, est en ce moment au Canada, d'où il nous envoie les premières feuilles de son quinzième volume.

Il serait injuste que l'œuvre d'un autre Reclus,

2

Onésime, frère d'Élisée, disparût dans le rayonne-
ment de la gloire fraternelle. Sous ce titre : *la Terre
à vol d'oiseau* et *En France*, M. Onésime Reclus a
écrit deux volumes de la plus haute valeur, aussi
remarquables par l'abondance et la précision des renseignements que par le pittoresque éclat du style. Il
la complète en ce moment par un troisième volume,
consacré à *Nos Colonies*.

Nous continuons la série de ces grandes œuvres
par une *Histoire ancienne des peuples d'Orient* de
M. Maspero, et par une *Histoire de France*, sous la
direction de M. Lavisse, toutes deux en préparation.

GRANDS DICTIONNAIRES

La lexicographie, qui a pris une telle place dans
nos habitudes et joue un tel rôle dans la pratique
quotidienne de notre éducation, peut être considérée
comme l'une des créations les plus heureuses de
Louis Hachette. C'est en 1842 qu'il en donnait le
premier type dans ce populaire *Dictionnaire de Bouillet — le Bouillet*, comme l'a baptisé la voix publique, — bien imité depuis, jamais éclipsé. C'était un
volume, dit-on alors très justement, qui contenait en
lui toute une bibliothèque. A l'image du Bouillet,
toute une famille de ces encyclopédies si commodes a

été successivement créée par nous, et on pourrait presque dire qu'elle est devenue assez nombreuse pour
constituer à son tour une vraie bibliothèque. Tout le
monde connaît : le *Dictionnaire des Sciences, Lettres
et Arts*, du même M. Bouillet ; le *Dictionnaire des
Littératures*, de M. Vapereau, et le *Dictionnaire
historique de la France*, de M. Ludovic Lalanne ; le
Dictionnaire des Antiquités chrétiennes, de M. l'abbé
Martigny ; le *Dictionnaire des Contemporains*, du
même M. Vapereau — on dit *le Vapereau*, comme on
avait dit *le Bouillet* ; le *Dictionnaire de la Vie pratique à la ville et à la campagne*, de M. Belèze ; le *Dictionnaire des Mathématiques*, de M. Sonnet ; nous
ajouterons encore l'œuvre considérable de M. Ad.
Wurtz, le *Dictionnaire de Chimie pure et appliquée*,
dont les cinq volumes ont été suivis de plusieurs sup-
pléments constamment tenus au courant par de nom-
breux collaborateurs sous la direction de M. Friedel ;
et ce dictionnaire, que le nom de son auteur eût
suffi seul à faire le plus célèbre de tous, le *Dictionnaire de la Langue française* de M. Littré ; puis les
plus récents, ceux qui sont en cours de publication
et qui ont été conçus, eux aussi, sur un plan très
vaste : le *Dictionnaire de l'Agriculture*, publié sous
la direction de MM. Barral et Sagnier (2 volumes,
comprenant 13 fascicules, ont déjà paru) ; le *Diction-*

naire de Botanique, de M. Baillon, qui en est à son
22ᵉ fascicule; le *Dictionnaire des Antiquités grecques et romaines*, commencé sous la direction de
MM. Daremberg et Saglio, poursuivi sous celle
de M. Saglio seul et qui en est à son 13ᵉ fascicule;
enfin nos deux grands dictionnaires géographiques.
Le premier, le *Dictionnaire de Géographie universelle*, commencé sous la direction de M. Vivien de
Saint-Martin, a été continué et sera bientôt achevé
sous celle de M. Louis Rousselet. Il en est avec la
lettre P à son 47ᵉ fascicule, ce qui permet d'en entre-
voir l'achèvement dans un avenir peu éloigné. Le
temps nécessaire à l'établissement d'un tel ouvrage
aura paru long. Si l'on veut bien songer à ce que cette
publication, qui forme déjà quatre gros volumes in-4,
représente de travail et renferme de documents, on
reconnaîtra qu'en réalité ce temps a été court et qu'il
eût été difficile de mener plus tôt à bonne fin l'œuvre
de ce genre la plus considérable et la plus complète
qui ait encore été entreprise. Nous dirons la même
chose du dernier de nos grands lexiques, dont nous
venons de commencer la publication sous la direction
de M. Paul Joanne, notre *Dictionnaire géographique
de la France*. Nous ne craignons pas d'avancer que
pour la précision, la minutie et nous ne dirons pas
l'abondance, mais l'universalité des documents — sans

parler d'un véritable luxe de cartes, de plans et de
gravures — cet ouvrage est tout à fait sans précédent. Et il y a dans le soin qui préside à la confec-
tion d'une telle œuvre de quoi justifier le délai qui
sera nécessaire pour l'achever. De ce *Dictionnaire
de la France*, treize livraisons ont déjà paru.

BIBLIOTHÈQUE VARIÉE

Ici s'offre à tous un catalogue qui dépasse le chiffre
de 600 volumes et où se trouvent presque sans exception tous les genres de productions susceptibles d'in-
téresser et d'instruire. La science elle-même, proprement dite, y figure dans les excellents Annuaires de
M. Louis Figuier (l'*Année scientifique* en est à son
32ᵉ volume); l'antiquité grecque et latine, dans la traduction de presque tous ses grands écrivains; les
meilleurs esprits de notre pays et de notre temps,
dans le choix de leurs principaux écrits; les plus
grands poètes étrangers modernes, Dante, Shak-
speare, Gœthe, Schiller, Byron, dans leurs chefs-
d'œuvre. Cette partie de notre œuvre est celle qui
naturellement s'accroît le plus vite et dans tous les
sens. Depuis 1878 elle a reçu : de nouvelles *Promenades archéologiques* de M. Boissier; les études critiques si remarquables de M. Brunetière sur la littéra-

ture française; les derniers volumes de ce philosophe éminent qui fut aussi brillant comme professeur que comme écrivain, Caro; sept ou huit romans de M. Cherbuliez; quatre de M. George Duruy; de sévères études philosophiques de M. Fouillée ; *les Études agronomiques* de M. Grandeau, sortes d'Annuaires de la science agricole; enfin une variété presque infinie d'écrits éminents de toute sorte, rapprochant et associant des noms aussi divers que ceux de MM. Francisque Bouillier et Arvède Barine, About et Grad, Geoffroy et Grandeau, Mistral et Georges Picot.

Deux autres collections, qui pourraient être confondues dans notre *Bibliothèque variée,* mais qui en sont pourtant distinctes, doivent être mentionnées ici. L'une est celle de nos traductions, la *Bibliothèque des meilleurs romans étrangers.* Dès avant 1878 nous avions fait de grands efforts pour populariser chez nous les meilleurs écrits de la littérature d'imagination de tous les peuples, convaincus que nous rendions un réel service à notre pays en le mettant à même de comparer ses romans avec ceux d'autrui. Le catalogue de nos traductions de romans étrangers était déjà très considérable. On jugera de l'intérêt que nous attachons à cette partie de notre œuvre en sachant que nous l'avons, depuis onze ans, augmentée d'environ 130 volumes nouveaux, et nous avons conscience d'avoir largement contribué au grand mouvement de sympathie qui a porté la France vers la littérature russe lorsque nous avons publié les romans du comte Tolstoï, *la Guerre et la Paix*, *Anna Karenine*, etc., à une heure où ces œuvres étaient encore à peine connues en France.

L'autre collection qui pourrait aussi se confondre dans notre *Bibliothèque variée* est celle de ces études à la fois biographiques et critiques sur les grands écrivains français qu'ont inaugurées avec éclat le *Victor Cousin* de Jules Simon, la *George Sand* de Caro, la *Sévigné* de M. Boissier, le *Turgot* de M. Léon Say, auxquels sont venus se joindre le *Montesquieu* de M. Sorel et le *Thiers* de M. Paul de Rémusat. L'étude de M. Anatole France sur *Racine* et le travail sur *Voltaire* de M. Brunetière sont annoncés. Le public a fait un tel accueil à cette collection de volumes aussi élégants par la forme que solides par le fond, que nous y trouvons un sérieux encouragement à poursuivre une œuvre si heureusement commencée.

ÉDITIONS POPULAIRES

Oserons-nous dire que c'est ici surtout que nous nous sommes souvenus de notre devise, et que nous avons eu à cœur de faire à la fois œuvre d'*enseigne-ment* et œuvre *démocratique*? Nous avons voulu offrir à un prix modique et qui les mît à la portée des plus modestes fortunes, les œuvres les plus belles et les plus utiles. Destinée spécialement aux ouvriers des villes et des campagnes, cette collection comprend deux séries (in-16 et petit in-16), l'une de volumes à 1 fr. 25, l'autre de volumes à 50 centimes. La première, où se trouvent tous nos classiques consacrés — contrepartie populaire de nos *Grands Écrivains*, — compte depuis onze ans 20 volumes nouveaux. La seconde présente à ses lecteurs spéciaux non seulement les plus saines notions de morale pratique, d'économie politique, de sciences appliquées, d'industrie, mais la suite de presque toute notre histoire nationale sous forme de biographies et de monographies, empruntées avec une fidélité quasi textuelle aux documents contemporains. La seule collection de ces opuscules, véritable cours d'éducation civique, atteint déjà 50 volumes.

GUIDES ET ITINÉRAIRES

POUR LES VOYAGEURS

PUBLIÉS SOUS LA DIRECTION DE M. PAUL JOANNE

Depuis longtemps le nom de Joanne jouit auprès des touristes d'une réputation méritée. Dans les *Guides Joanne*, non seulement la partie des renseignements pratiques est traitée en détail et tenue constamment à jour, mais encore on y trouve, ce qui est leur mérite propre, des développements historiques et archéologiques d'une réelle valeur. Il y a plaisir et profit à les lire même si on ne voyage pas, et à les relire si l'on a voyagé. Adolphe Joanne avait consacré dix volumes à la *France seule*. Toute cette partie de la collection a été entièrement refaite sur un plan nouveau : cette œuvre, commencée il y a huit ans, est sur le point d'être achevée. Le nombre des volumes a été presque doublé ; des régoins inconnues jusqu'alors ont été parcourues par M. Paul Joanne ou ses collaborateurs et se trouvent décrites dans cet *Itinéraire général de la France*, dont nous mentionnerons seulement ici les parties les moins visitées : les *Cévennes*, la *Corse*, le *Jura*. Enfin les cartes et les plans, dont le nombre a été considérablement augmenté, sont particulièrement soignés. Pour les pays étrangers la collection compte des volumes tels que la *Suisse* et l'*Italie*, dont le nombre respectable d'éditions atteste suffisamment la valeur. Parmi les guides nouveaux, une mention toute spéciale est due aux volumes suivants : *Les États du Danube et des Balkans, De Paris à Constantinople*, par M. Léon Rousset, *Athènes et ses Environs*, par M. Haussoullier. Ils seront complétés par d'autres volumes actuellement en préparation.

PUBLICATIONS GÉOGRAPHIQUES

Nous offrons dans cet ordre un ensemble d'œuvres qui représente, à lui seul, la production d'une grosse librairie.

Sans reparler de la *Géographie universelle* d'Élisée Reclus, des grands lexiques de MM. Rousselet et P. Joanne, et de la collection de nos guides et itinéraires, voici le résumé de nos autres travaux pour la diffusion des sciences géographiques.

C'est d'abord notre collection de voyages in-16 (avec gravures et cartes), qui s'est enrichie dans ces derniers temps au point de compter aujourd'hui 32 volumes, et notre collection de voyages in-8, composée de volumes illustrés de précieux documents d'information géographique. Cette série pourrait à juste titre être nommée la collection des grands voyageurs, puisqu'elle compte les noms de Gallieni, *Voyage au Soudan*; de Greely, *Dans les Glaces arctiques*; du docteur Lenz, *Timbouctou*; de Nachtigal, *Sahara et Soudan*; de Nordenskiöld, *Voyage de la Vega autour de l'Asie et de l'Europe*; de Stanley, *A travers le continent mystérieux*, etc., etc. Puis, nos grands voyages in-4 illustrés, éditions de grand luxe, où l'attrait du texte est rehaussé par la variété et l'éclat des dessins : *le Maroc*, de M. de Amicis; *les Anciennes Villes du Nouveau Monde*, de M. Charnay; les *Voyages dans l'Amérique du Sud*, de l'intrépide explorateur Crevaux; *la Perse, la Chaldée, la Susiane* et *A Suze*, de M. et Mme Dieulafoy; *l'Italie et la Suisse*, de M. Jules Gourdault; *l'Alsace*, de M. Grad; *la Belgique*, de M. Camille Lemonnier; *la Syrie*, de M. Lortet. Tous ces beaux volumes ont, nous pouvons le dire, les honneurs d'une juste célébrité.

Puis une collection unique, *le Tour du Monde*, cet exact et infatigable journal de l'étude successive de notre globe. Le premier volume du *Tour du Monde* paraissait en 1860, il y a 29 ans. Depuis cette date, la collection s'est non seulement poursuivie sans autre interruption que celle de l'année terrible, mais elle est allée sans cesse en se perfectionnant. On peut dire que, pour augmenter et répandre la connaissance *pratique* de la surface de la terre, aucune œuvre n'aura été plus efficace que celle-là. Aussi bien sa popularité est universelle et de nombreuses traductions l'ont faite presque aussi européenne que française. Si les efforts et les sacrifices que nous a demandés *le Tour du Monde* sont énormes, son succès nous récompense.

Enfin, nous devons parler de nos Atlas, et d'abord de celui qui a été commencé sous le titre d'*Atlas universel,* par M. Vivien de Saint-Martin. Il y a 25 ans que nous avons eu, en entreprenant cette publication, l'ambition de faire une œuvre qui n'eût rien à redouter d'aucune comparaison, et dont nous avons le ferme espoir qu'on dira qu'elle est aussi voisine que possible de la perfection. Cette œuvre est en bonne voie : onze livraisons en ont déjà paru, et nous espérons bien faire coïncider son achèvement avec celui de la grande Géographie de M. Reclus. Mais, en attendant, nous avons voulu utiliser nos travaux pour en tirer un atlas d'un format moindre et d'un prix moins élevé, l'*Atlas de Géographie moderne,* et voilà comment nous avons pu offrir tout récemment au public les premières livraisons d'une publication qui est une œuvre bien

française et qui marque, nous l'espérons, la fin de
la suprématie exclusive de la cartographie allemande.
Nous n'avons pas oublié que la cartographie française
a été naguère sans rivale et nous ambitionnons d'ar-
river, pour notre part, à lui rendre le rang qu'elle
occupait autrefois.

Tout cela, fruit de longs, patients et coûteux
efforts, constitue les éléments d'un grand établissement géographique, que notre pays pourra peut-
être un jour opposer avec quelque fierté au célèbre
établissement de Gotha, dirigé avec l'autorité et
l'éclat que l'on sait par la savante dynastie des
Justus Perthes.

PUBLICATIONS PÉRIODIQUES

Cette revue ne serait pas complète si nous ne disions
un mot de nos publications périodiques. Nous ne
reviendrons pas sur le *Tour du Monde*, que nous
venons de mentionner, mais nous rappellerons
notre *Manuel général de l'Instruction primaire,*
et nous attirerons l'attention sur *l'Ami de l'enfance*, le *Journal de la Jeunesse* et *Mon Journal*.

Le *Manuel général*, créé par Louis Hachette en
1832, est par conséquent le plus ancien recueil pério-
dique qui se soit voué exclusivement, dans notre pays,

à la grande cause de l'instruction populaire. Il ne nous appartient pas de dire qu'il en est demeuré le plus considérable, mais sa valeur et son autorité sont reconnues de tous. Nous pouvons dire qu'il n'est pas une seule des questions, grandes ou petites, concernant l'instruction populaire, qui ne soit traitée à fond dans le *Manuel* et pas un des intérêts légitimes du personnel de l'enseignement primaire qui n'y soit défendu avec mesure, équité et fermeté. Les instituteurs le savent bien.

A côté du *Manuel général de l'Instruction primaire*, nous devons placer *l'Ami de l'Enfance*, la plus ancienne des publications périodiques destinées aux *salles d'asile*. Sa fondation remonte à 1835. Ce journal, qui a eu successivement pour directeurs M. Augustin Cochin, M. Eugène Rendu, Mme Pape Carpantier et aujourd'hui Mme Pauline Kergomard et M. Defodon, a derrière lui toute une longue tradition de services rendus à l'éducation de la première enfance.

Le *Journal de la Jeunesse* a déjà accompli seize années de son existence. On sait que ce recueil, illustré à la fois des plus charmantes compositions gravées sur bois et des plus attrayants sujets d'actualité, offre aux familles : un magasin de lectures choisies, amusantes, instructives, rigoureusement morales. Pour cette œuvre, il a groupé autour de lui une pléiade de collaborateurs chers aux enfants et aux familles, et quelques-uns parmi eux, — nous ne nommerons que notre cher Jules Girardin — ont atteint à la plus légitime et à la plus honorable des renommées.

Le succès du *Journal de la Jeunesse* nous a encouragés à tenter une autre œuvre : nous avons voulu que les enfants de *cinq à dix ans* eussent aussi leur journal illustré, celui que nous avons appelé *Mon Journal*, et qui est publié sous la direction de Mme Kergomard et de M. Defodon. *Mon Journal* compte déjà huit années d'existence, où nous pouvons trouver, sans présomption, l'augure d'une longue carrière.

PUBLICATIONS ILLUSTRÉES

ÉDITIONS DE GRAND LUXE

Les publications illustrées, qui représentent dans la somme de nos affaires un chiffre si considérable et qui contribuent pour une si grosse part à la renommée de notre maison, se divisent en trois catégories : les publications pour l'enfance, les ouvrages de vulgarisation scientifique et les ouvrages de grand luxe.

Dans les publications pour l'enfance, qui comprennent, avec la série des albums, les grands écrits célèbres et classiques expurgés et arrangés en vue de leur public spécial, le premier rang est tenu depuis longtemps par la très populaire *Bibliothèque Rose*. Nous n'en dirons qu'une chose, c'est que depuis 1878 elle est riche d'environ soixante volumes de plus. Dans les ouvrages de vulgarisation scientifique, le premier rang dans la faveur publique est à la *Bibliothèque des Merveilles*, publiée sous la direction de M. Ed. Charton. Depuis 1878, quarante volumes sont venus s'ajouter aux soixante déjà publiés. Cette Encyclopédie illustrée n'est pas près de voir sa croissance s'arrêter.

Puis vient la *Bibliothèque des Écoles et des Familles*, comprenant dix séries, depuis le volume grand in-8 jusqu'au format in-18, *valant broché* 15 *centimes, cartonné* 20 *centimes.* Dans cette Bibliothèque on peut dire que tout se trouve. Telle série nous présente à côté de Cervantès, Corneille et Dickens, des romans de Girardin et un volume de Stanley sur *la Terre de servitude.* Telle autre, une collection de voyages (Baker, Hayes, Whymper, Vambery, Payer, etc.) et des livres d'histoire naturelle (Mme Demoulin, Lesbazeilles, Theuriet, Figuier, etc.). Ici, des contes humoristiques à la portée des enfants, et des récits de notre histoire nationale. Plus loin des histoires fantastiques ou drolatiques, comme celles de Peter Schlemihl ou du baron de Crac. La dernière série, spécialement, porte ce titre : *Contes pour les tout petits.* Une autre collection ressemble beaucoup à cette dernière série : c'est la *Bibliothèque des Petits Enfants* de 4 à 8 ans. Mmes Cheron de la Bruyère, Colomb, Duporteau, Frank, Fresneau, de Witt, etc., l'ont remplie de récits qui font la joie des enfants. Nous avons ainsi, comme livres destinés aux distributions de prix, une bibliothèque qui s'étend de la

3

modeste plaquette de 20 centimes jusqu'au beau volume in-8, vrai musée de toutes sortes de gravures sur bois et en couleur.

La nombreuse et très variée *Collection des ouvrages et albums à l'usage de la jeunesse et de l'enfance* vient ensuite : œuvres d'imagination, comme les romans si populaires d'About, Girardin, Cahun, Assollant, Mme Colomb, Mlle Fleuriot, etc.; œuvres historiques ou géographiques, comme les livres de Mme de Witt et de M. Cortambert; œuvres de vulgarisation scientifique, comme les traités de Mme Demoulin; œuvres de morale, comme *la Vertu en France* de M. Maxime Du Camp. Cette collection comprend le choix le plus riche de livres vraiment *éducateurs*. Faut-il ajouter que tous les volumes qui la composent sont richement illustrés?

Rappelons enfin les grands ouvrages scientifiques si connus, tels que l'*Atmosphère* de M. Flammarion, les cinq volumes de M. Guillemin sur le *Monde physique*, et les travaux de MM. Pouchet, Reclus, Simonin, où le luxe des planches de toute sorte rehausse avec tant d'éclat l'intérêt du sujet.

De nos éditions de grand luxe, que pouvons-nous dire que leur célébrité ne rende inutile? Et à quoi bon rappeler et *Atala*, et *Dante*, et *La Fontaine* et *Don Quichotte* et *Roland furieux*, ce chef-d'œuvre de

Doré, et les *Évangiles*, ce chef-d'œuvre de Bida? Qu'il nous suffise d'appeler l'attention sur les quelques œuvres magistrales qui sont venues, dans ces derniers temps, grossir ce musée. M. Bida a continué à illustrer la Bible. Il n'a eu qu'à rester fidèle aux inspirations qui nous avaient valu ses admirables dessins des *Évangiles*. L'*Histoire de Tobie*, le *Livre d'Esther*, le *Cantique des Cantiques* ont successivement sollicité et exercé son noble crayon. Les *Récits des Temps Mérovingiens* ont trouvé un interprète prédestiné dans le talent de M. Jean-Paul Laurens, et le chef-d'œuvre du félibrige, le pittoresque et touchant poème de *Mireille*, a fourni à M. Eugène Burnand la matière d'une illustration aussi éclatante et poétique que le texte lui-même. Ajoutons la monographie du *Temple de Jérusalem* par M. Perrot avec les grandes planches in-folio de M. Chipiez, et enfin deux grandes œuvres nouvelles qui sont venues s'ajouter aux précédentes, juste à temps pour figurer à l'Exposition du Centenaire, le livre d'un ancien et celui d'un moderne, *les OEuvres poétiques de Boileau*, et un célèbre roman d'Edmond About, *Tolla*.

Ce dernier livre n'a pas été choisi sans motif dans l'œuvre considérable d'About. L'alerte et brillant écrivain auquel nous devons tant d'œuvres délicieuses n'a rien écrit de plus charmant, de plus tou-

chant et, ce qui est capital, de plus honnête que
Tolla.

Un artiste de très grand talent, M. de Myrbach,
a composé pour *Tolla* dix grandes aquarelles qui
figurent à l'Exposition du Champ-de-Mars. Ces
aquarelles, vrais chefs-d'œuvre d'élégance, ont été
confiées aux graveurs sur bois les plus en renom,
et les planches qu'ils nous ont livrées témoignent
hautement des progrès accomplis par la gravure
sur bois dans le courant des dix dernières années.
Ajoutons des ornements typographiques dessinés par
M. Giraldon, gravés sur bois et imprimés en trois
couleurs, en gris, en rose et en noir, avec des teintes
pâles et fondues. Le tout, nous ne craignons pas de
le dire, fait de cette édition de *Tolla* quelque chose
d'absolument exquis.

Nous croyons superflu de parler longuement de
Boileau. Quoi qu'on puisse penser du célèbre écrivain, il y a, à son sujet, plusieurs choses sur les-
quelles le doute n'est plus permis. Il fut l'un des
esprits critiques les plus judicieux et les plus sûrs qu'il
y ait jamais eu. Il joua un rôle très considérable à
l'une des époques les plus importantes de notre histoire littéraire. Enfin ses écrits en vers sont l'éclatant
témoignage et de la valeur de son esprit et de la
portée de son influence. En faut-il plus pour justifier

notre choix, si surtout on veut bien remarquer que
l'extrême variété des sujets auxquels Boileau touche
dans ses œuvres poétiques fournissait la plus riche
matière à l'illustration? Aussi, après avoir demandé à
M. Brunetière de vouloir bien se charger de l'étude
et de la revision du texte, nous avons fait appel pour
cette illustration du vieux maître classique par excellence à une pléiade d'artistes qui nous offre comme
un résumé de ce que notre pays, à l'approche de cette
fin de siècle, peut présenter de plus éminent : Mme Madeleine Lemaire, MM. Bonnat, Boulanger, Cabanel,
Chapu, Gérôme, Bida, Chevignard, Delort, Fr. Flameng, Français, Galland, Hédouin, Heilbuth,
J.-P. Laurens, Le Blant, Lhermitte, Maignan, Merson, Ch. Rossigneux, Vibert. Autant que cela a été
possible, nous avons abandonné à ces maîtres le
soin de choisir eux-mêmes les sujets qu'ils jugeaient
les mieux appropriés à leur talent, et nous avons la
ferme confiance d'avoir fait sortir de tous ces efforts
réunis une publication absolument hors de pair.

Et maintenant nous offrons notre œuvre avec confiance au jugement du public. Nous comptons qu'il
y trouvera ce que nous avons eu à cœur d'y mettre
pour rester fidèles à la loi et à la devise que nous

tenons de notre fondateur : une vaste et universelle bibliothèque d'enseignement, *Sic quoque docebo*. Ce sont des instruments d'enseignement que nous offrons à tous les âges, à toutes les conditions, à tous les goûts, à toutes les fortunes. Nous commençons par la première enfance, au moment où s'ouvre l'esprit. Nous continuons par l'école primaire, puis par le lycée, ensuite par les grandes écoles, enfin par le monde. Nous avons des instruments d'enseignement pour le plus modeste artisan des villes et des campagnes comme pour le plus luxueux des amateurs ou le plus exigeant et le plus sévère des savants. Il n'est pas un des besoins intellectuels de notre société si diverse et si complexe auquel nous ne soyons sur-le-champ prêts à répondre, mais toujours — nous avons la conscience de ne jamais l'oublier — avec l'enseignement pour but. C'est là que nous mettons notre honneur et ne cesserons de l'y mettre, et c'est par là qu'on nous rendra cette justice que l'œuvre de Louis Hachette n'a pas dépéri entre nos mains.

CATALOGUE

DES OUVRAGES NOUVEAUX

PUBLIÉS PAR

LA LIBRAIRIE HACHETTE ET CIE

DE 1878 A 1889

ÉDUCATION ET ENSEIGNEMENT

ENSEIGNEMENT PRIMAIRE

(200 *ouvrages parus depuis* 1878)

NOUVEAU COURS D'INSTRUCTION PRIMAIRE
RÉDIGÉ CONFORMÉMENT AUX PROGRAMMES DU 27 JUILLET 1882

LECTURE ET ÉCRITURE

Régimbeau, ancien instituteur, inspecteur du matériel des écoles de la ville de Paris :
— *Premiers exercices d'écriture et d'orthographe.* 1 vol. gr. in-16, cartonné. 50 c.
— *Petit syllabaire.* 1 vol. in-16 de 32 pages avec gravures. 30 c.
Manoury : *Méthode d'écriture,* 12 cahiers gradués in-4 couronne. Chaque cahier. 9 c.

LANGUE FRANÇAISE

Brachet, lauréat de l'Académie française, et **Dussouchet,** agrégé de grammaire, professeur au lycée Henri IV : *Cours de grammaire française,* fondé sur l'histoire de la langue. Théorie et exercices. 6 vol. in-16. 7 fr. 75.

HISTOIRE

Ducoudray, agrégé d'histoire, professeur à l'École normale primaire de la Seine et à l'École normale supérieure de Saint-Cloud : *Cours d'histoire.* 3 vol. in-16 avec cartes et gravures. 3 fr. 50

GÉOGRAPHIE

Lemonnier, professeur au lycée Louis-le-Grand, et **Schrader :** *Éléments de géographie.* 3 vol. in-4 cartonnés. 5 fr.
— *Cours général de géographie.* 1 vol. in-4, avec 42 cartes et 18 gravures. 2 fr.

MORALE

Mabilleau : professeur à la Faculté des lettres de Toulouse, lauréat de l'Institut : *Cours de morale.* 2 vol. in-16. 1 fr. 50

INSTRUCTION CIVIQUE — DROIT USUEL
NOTIONS D'ÉCONOMIE POLITIQUE

Mabilleau : *Cours d'instruction civique.* 2 vol. in-16. 2 fr. 40

AGRICULTURE ET HORTICULTURE

Barral et **Sagnier :** *Cours d'agriculture et d'horticulture.* 3 vol. in-16, avec grav. 3 fr.

ARITHMÉTIQUE ET GÉOMÉTRIE

Vintéjoux, professeur au lycée Saint-Louis : *Éléments d'arithmétique et de géométrie.* 3 vol. in-16. 3 fr.

SCIENCES PHYSIQUES ET NATURELLES

Saffray (D^r) : *Éléments usuels des sciences physiques et naturelles.* 6 vol. in-16, avec gravures. 8 fr. 50

OUVRAGES DIVERS

Adam, censeur du petit lycée Louis-le-Grand : *Lectures militaires et patriotiques;* 3ᵉ édition. 1 vol. in-16.   1 fr. 50

Benoist (G.), inspecteur d'académie : *De l'instruction et de l'éducation des indigènes dans la province de Constantine.* 1 vol. in-8.   3 fr. 50

Bert (Paul) : *Lectures sur l'histoire naturelle des animaux.* 1 vol. in-16, avec 75 gravures.   1 fr. 50

Bigot (Ch.) : *Lectures choisies de français moderne.* 1 vol. in-16.   1 fr. 50

Blackie : *L'éducation de soi-même.* Traduction de l'anglais par M. F. Pécaut. 1 vol. in-16.   1 fr.

Bossuet : *Sermons sur la parole de Dieu et sur la mort,* publiés par M. Rébelliau, agrégé des lettres. 1 vol. petit in-16. 75 c.

Bougueret, professeur de dessin au lycée Saint-Louis : *Cours de dessin linéaire et de géométrie pratique.* 3 albums in-4, avec 50 planches.   7 fr. 50

— *Cours de dessin géométrique. Lavis des figures planes.* Album in-4 de 47 pl. 1 fr. 25

Boutan (L.), préparateur à la Faculté des sciences de Paris : *Cours de botanique.* 1 vol. in-16, avec 66 figures.   3 fr.

Bréal (Michel), inspecteur général de l'instruction publique : *Quelques mots sur l'école.* 1 vol. in-16.   1 fr. 25

Brouard, inspecteur général honoraire de l'instruction publique : *Leçons d'histoire de France et d'histoire générale.* Cours moyen et supérieur. 4 vol. in-16.   7 fr.

Brouard et Mme **Berger** : *Leçons de grammaire et de langue française.* 4 volumes in-16.   4 fr. 85

Brouard et **Gaillard,** inspecteur primaire, à Paris : *Leçons de calcul. Cours élémentaire* (classe d'initiation). Livre du maître. 1 vol. in-16.   1 fr. 80

Buisson, inspecteur général de l'instruction publique, et ses collaborateurs : *Dictionnaire de pédagogie et d'instruction primaire.* 4 vol. grand in-8.   86 fr.

Burat, professeur au lycée Louis-le-Grand : *Notions très élémentaires de trigonométrie rectiligne.* 1 vol. in-16.   1 fr. 50

Cadet (Félix), ancien inspecteur général de l'instruction publique : *L'éducation à Port-Royal.* 1 vol. in-16.   2 fr. 50

Canonville-Deslys, professeur au lycée de Rouen : *Cours d'arithmétique théorique et pratique.* 1 vol. in-16.   4 fr.

Chateaubriand : *Les martyrs,* livre V, publié par M. Mabilleau, professeur à la Faculté des lettres de Toulouse. 1 vol. in-16.   75 c.

Chénier (André) : *Choix de poésies* publiées par M. Rébelliau. 1 vol. in-16.   75 c.

Chollet (F.) : *Guide réglementaire des aspirants et des aspirantes au certificat d'études primaires.* In-16.   30 c.

Condorcet : *Rapport et projet de décret sur l'organisation générale de l'instruction publique;* édition nouvelle par M. G. Compayré. 1 vol. in-16.   1 fr.

Congrès pédagogique des instituteurs et institutrices de France en 1881. 1 vol. in-16.   1 fr. 25

Congrès pédagogique du Havre en 1885. In-8.   2 fr.

Defodon, Guillaume et Mme **Kergomard** : *Lectures pédagogiques* à l'usage des écoles normales primaires. 1 vol. in-16.   4 fr.

Délon (C.) : *La grammaire française d'après l'histoire.* 1 vol. in-16.   3 fr.

— *La leçon de choses.* 1 vol. in-16.   3 fr.

Devoirs d'écoliers français et étrangers, recueillis à l'Exposition de Paris (1878), et mis en ordre par MM. de Bagnaux, Berger, Brouard, Buisson et Defodon. 2 vol. in-16, avec figures.   7 fr.

Diesterweg : *OEuvres choisies,* traduites de l'allemand par M. Goy, ancien directeur de l'École normale de Toulouse. 1 vol. in-16.   2 fr.

Ducoudray, professeur à l'École normale primaire de la Seine : *Leçons complètes d'histoire de France.* 1 vol. in-16, avec gravures et cartes.   2 fr. 50

— *Récits et biographies d'histoire de France.* 1 vol. in-16, avec grav. et cartes. 2 fr.

Duruy (George), professeur au lycée Henri IV : *Petite histoire populaire de la France.* 1 vol. in-16, avec gravures et cartes.   2 fr. 50

— *Biographies d'hommes célèbres des temps anciens et modernes.* 1 vol. in-16 avec 56 gr. 1 f.

— *Pour la France :* patriotisme, esprit militaire. 1 vol. in-16, avec 15 grav. 1 fr.

Épreuves écrites et orales des examens du brevet élémentaire, recueillies par plusieurs rédacteurs du *Manuel général de l'instruction primaire.* 1 vol. in-16. 2 fr. 80

Faivre (E.) : *Enseignement du travail manuel à l'école primaire.* 1 vol. in-16, avec 150 figures.   1 fr. 25

Fénelon : *De l'éducation des filles.* Texte collationné sur l'édition de 1687, par Ch. Defodon. 1 vol. in-16. 1 fr.

Frieh, inspecteur de l'enseignement primaire : *La grammaire enseignée par les exemples.* 6 vol. in-16. 8 fr.

Garsault, inspecteur primaire : *Les causeries d'un grand-père.* 1 vol in-16, avec 71 gravures. 90 c.

Girard (Maurice), docteur ès sciences naturelles : *Catalogue raisonné des animaux utiles et nuisibles de la France.* 2 vol. in-8. 4 fr.

Giroux (Mme), professeur à l'École normale supérieure d'institutrices : *Manuel d'examen pour l'enseignement de la coupe et de l'assemblage des vêtements de femmes et d'enfants.* 1 vol. in-8, avec de nombreuses figures. 2 fr. 50

— *Traité de la coupe et de l'assemblage des vêtements de femmes et d'enfants,* extrait du précédent ouvrage. 1 vol. grand in-16, avec figures. 1 fr. 50

Gossot : *Mademoiselle Sauvan,* première inspectrice des écoles de Paris, sa vie et son œuvre. 1 vol. in-16. 1 fr. 50

Guérin : *Lectures et premières notions de grammaire.* 1 volume in-16, avec 41 gravures. 90 c.

Habert, ancien inspecteur d'académie : *Leçons familières d'économie politique.* 1 vol. in-16. 1 fr. 50

Haraucourt, professeur au lycée de Rouen, membre du Conseil supérieur de l'instruction publique : *Cours de physique.* 1 vol. in-16, avec 206 figures. 5 fr.

Henriet (D') : *Cours de dessin des écoles primaires.* Enseignement gradué conforme aux programmes de 1882. *Cours élémentaire, moyen et supérieur,* 14 cahiers in-8 à l'usage des élèves, et 3 vol. in-16 pour les maîtres. 8 fr. 30

— *Le dessin des petits enfants.* 4 cahiers petit in-4. Chaque cahier, 15 c. Le cahier n° 5, imprimé en couleur. 1 fr.

Images pour les écoles maternelles, nouvelle série imprimée en couleur, de 65 cent. de haut. sur 80 cent. de large : *La ferme. — La fenaison. — La maçonnerie.* Chaque sujet, 2 fr.

Joanne (P.) : *Géographies départementales de la France et de l'Algérie.* 45 vol. in-16. Chaque volume, 1 fr.

Jost, inspecteur général de l'instruction publique, **Humbert** et **Bræunig**, sous-directeur de l'école Alsacienne : *Lectures pratiques.* 2 vol. in-16, avec gravures. 2 fr. 40

Kergomard (Mme), inspectrice générale des écoles maternelles, membre du Conseil supérieur de l'instruction publique : *Galerie enfantine des hommes illustres.* 1 vol. in-16 avec gravures. 2 fr.

Labbé, professeur au collège Rollin : *Morceaux choisis des classiques français* (prose et vers), à l'usage des écoles municipales et des écoles primaires supérieures. 3 vol. in-16. 5 fr.

La Bruyère : *Des ouvrages de l'esprit. — De la société et de la conversation,* chapitres 1 et v des *Caractères,* publiés par MM. Servois et Rebelliau. 1 vol. in-16. 75 c.

Lamartine : *Le chêne, l'immortalité,* publiés par M. Mabilleau. 1 vol. petit in-16. 60 c.

Laubier et **Bouguéret** : *Le travail manuel à l'École de la rue Tournefort.* 1 vol. in-4 oblong, avec planches. 5 fr.

Locke : *Quelques pensées sur l'éducation,* traduction nouvelle par M. Compayré. 1 vol. in-16. 2 fr. 50

Lorrain (A.) : *Récits patriotiques.* 1 vol. in-16, avec 34 gravures et 5 cartes ou plans. 1 fr. 50

Maintenon (Mme de) : *Extraits de ses lettres sur l'éducation,* précédés d'une introduction par M. O. Gréard. 1 vol. in-16. 2 fr. 50

Maire : *Arithmétique élémentaire.* 3 volumes in-16, cartonnés. 4 fr. 10

— *Problèmes d'arithmétique.* 2 v. in-16. 3 fr.

Malmanche (Mlle), inspectrice de l'enseignement commercial de la Ville de Paris : *Manuel pratique de tenue de livres.* 1 vol. in-8. 3 fr.

Manuel d'examen pour les brevets de capacité de l'enseignement primaire, par MM. Berger et Brouard, inspecteurs généraux honoraires de l'instruction publique, Defodon, Mabilleau et Demkès. *Brevet élémentaire.* Petit in-16. 5 fr. *Brevet supérieur.* 2 v. petit in-16. 10 fr.

Manuel du certificat d'aptitude pédagogique, par MM. Brouard et Defodon. 1 vol. petit in-16. 5 fr.

Masson, instituteur à Paris : *Exercices de composition française et de récitation.* 3 vol. in-16, avec gravures. 3 fr. 65

— *Le livre de lecture des petits enfants.* 2 vol. in-16. 1 fr. 40

Michelet : *Jeanne d'Arc,* édition annotée par M. E. Bourgeois, professeur à la Faculté des lettres de Lyon. 1 vol. 2 fr.

Montaigne : *De l'institution des enfants,* chapitre xxv du livre Iᵉʳ des *Essais* et *Extraits pédagogiques,* publié par M. G. Compayré. 1 vol. in-16. 1 fr.

Nadaud (G.) : *Solfège poétique et musical.* 1 vol. grand in-8.   1 fr. 5o

Nouveau recueil de sujets de compositions, écrites et orales, donnés dans les examens du certificat d'études primaires, par plusieurs rédacteurs du *Manuel général de l'instruction primaire.* Deux vol. in-16.   2 fr. 3o

Ottin, inspecteur chargé de la direction de l'enseignement du dessin dans les écoles de la Ville de Paris : *Méthode élémentaire du dessin.* Texte et planches, format in-8.   2 fr. 85

— *Manuel de dessin élémentaire.* 1 vol. in-16, avec figures.   5o c.

— *Pédagogie du dessin*, livret du maître. 1 vol. in-8, avec 18 figures.   1 fr. 5o

Pascal (E.), lieutenant d'infanterie de l'armée territoriale affecté au service d'État-major, licencié en droit : *Le livre de l'élève soldat.* 1 vol. in-16.   1 fr. 25

Pécaut (D^r) : *Cours d'anatomie et de physiologie humaines.* 1 volume in-16, avec 58 figures.   2 fr. 5o

Pécaut (E.) : *Petit livre de lectures* en prose et en vers et de leçons orales. 1 vol. in-16, avec 5o gravures.   6o c.

Prudent : *Carte de France hypsométrique* à $\frac{1}{1250000}$, d'après la carte dressée au Dépôt des fortifications. 1 feuille de 9o centimètres de hauteur sur 1 m. 2o de largeur, avec gorge et rouleau.   14 fr.

Reiber : *Le dessin enseigné comme l'écriture.* 1re année, 8 cahiers.   8o c.

Renard (J.) : *Les étapes d'un petit Algérien dans la province de Constantine.* 1 vol. in-16, avec 4o gravures.   1 fr. 6o

Rendu (Eugène), inspecteur général honoraire de l'instruction publique : *Voyage du samedi. Premier voyage : le cours de la Seine.* 1 vol. in-16, avec 41 grav. 9o c.

Richard (du Cantal) : *Vocabulaire agricole et horticole.* 1 vol. in-16.   3 fr. 5o

Robiquet (P.) : *Histoire municipale populaire de Paris.* 1 vol. in-16.   1 fr. 5o

Rousseau (J.-J.) : *Émile ou De l'éducation;* extraits contenant les principaux éléments pédagogiques des trois premiers livres, avec une introduction et des notes par M. Jules Steeg. 1 vol. in-16.   1 fr.

— *Émile* ou *De l'éducation*, livre II, publié avec une notice, une analyse et des notes par M. Jules Steeg. 1 vol. in-16.   2 fr.

Saffray (D^r) : *Leçons de choses*, cours méthodique contenant les matières des programmes officiels. 2 vol. in-16,   3 fr. 3o

— *Catalogue raisonné du Musée des Écoles*, 1re partie, leçons de choses. 1 vol. gr. in-8, avec gravures.   4 fr.

— *Catalogue raisonné du Musée des Écoles*, 2e partie, instruments de physique et de chimie. 1 vol. in-8, avec gravures.   2 fr.

Sagnier (H.), rédacteur en chef du *Journal de l'Agriculture* : *Cours d'agriculture.* 1 vol. in-16, avec 19 figures.   3 fr.

— *Cours d'horticulture fruitière et potagère.* 1 vol. in-16, avec 5o figures.   2 fr.

Schrader et Prudent, *Grandes cartes murales écrites.* Ces cartes sont imprimées en couleur et mesurent 1 m. 6o sur 1 m. 9o.

Amérique du Sud.   9 fr.
France politique.   9 fr.

Tarrène, instituteur : *Règles de lecture à haute voix et conseils pour la lecture expressive.* 1 vol. petit in-16.   4o c.

Travaux d'instituteurs français, recueillis à l'Exposition de Paris (1878), par MM. de Bagnaux, Berger, Brouard, Buisson et Defodon. 1 vol. in-16.   3 fr.

Valabrègue, maître des requêtes au Conseil d'État : *Commentaire sur l'obligation de l'instruction primaire* (loi du 28 mars 1882). 1 vol. in-16.   1 fr. 5o

Vapereau, inspecteur général honoraire de l'instruction publique : *Esquisse d'histoire de la littérature française.* 1 vol. in-16.   1 fr. 5o

— *Éléments d'histoire de la littérature française.* 2 vol. in-16.   7 fr.

Vauchez (Em.) : *Manuel d'instruction nationale.* 1 vol. in-16, avec 21 gravures.   1 fr.

Wirth (Mlle E.) : *La future ménagère.* 1 vol. in-16.   1 fr. 8o

Wirth (Mlle) et **Bret** (Mme) : *Premières leçons d'économie domestique.* 1 vol. in-16, avec 108 figures.   1 fr. 2o

Witt (Mme de), née Guizot : *Une belle vie;* Mme Jules Mallet, née Oberkampf (1794-1856). 1 vol. in-16.   1 fr.

Yon (A.-M.) : *Guide pratique pour un cours de langue française.* 1 vol. in-16.   8o c.

— *Sujets et modèles de compositions françaises.* 1 vol. in-16.   2 fr.

IMAGERIE SCOLAIRE

(Dix collections nouvelles depuis 1878)

Anatomie humaine, par Raphaël Blanchard, dessins de A.-L. Clément. 11 planches imprimées en couleur, de 90 centimètres de hauteur sur 66 centimètres de largeur, avec une bordure en ruban pourvue d'œillets. Chaque planche simple. 5 fr. Chaque planche double. 10 fr.

Bons points instructifs, imprimés en couleur (13 cent. sur 8), avec un texte explicatif au dos approprié à l'âge des enfants. Chaque série de 12 sujets renfermés dans une enveloppe. 80 c.

En vente :

Botanique, 16 séries.
Insectes, 14 séries.
Travaux agricoles et industriels, 4 séries.
Géographie, 1 série.

Bons points d'histoire de France, imprimés en noir sur carte, avec texte au dos. La collection composée de 100 sujets. 1 fr. 20

Bons points historiques, imprimés en couleur. La collection composée de 100 sujets renfermés dans une boîte. 3 fr. 75

Bons points géographiques, imprimés en couleur. La collection composée de 103 sujets renfermés dans une boîte. 3 fr. 75

Figures géométriques, par M. Bouguerel, professeur au lycée Saint-Louis. 3 tableaux de 85 centimètres de hauteur sur 1 m. 20 de largeur. 21 fr.

Insectes. Planches imprimées en couleur, de 65 centimètres de largeur sur 90 c. de

hauteur, bordées avec ruban et pourvues d'œillets :

Abeilles, 2 planches.	6 fr.
Phylloxera de la vigne, 2 planches.	6 fr.
Vers à soie, 2 planches.	6 fr.

Reproductions des chefs-d'œuvre de l'art, sous la direction de M. Ravaisson-Mollien, membre de l'Institut :

I. *Bons points,* 1re série : sujets in-16, renfermés dans une enveloppe. 2 fr.

II. *Récompenses,* 1re série : 12 sujets in-8, renfermés dans une enveloppe. 3 fr.

III. *Musées scolaires,* 6 séries : chaque série composée de 12 sujets in-4, renfermés dans une enveloppe. 6 fr.

IV. *Décoration scolaire et enseignement du dessin,* 4e série : 12 sujets grand in-folio, renfermés dans une enveloppe. 24 fr.

Tableaux cosmographiques, par M. A. Guillemin, 2 tableaux imprimés en couleur, de 1 m. 15 de hauteur sur 90 centimètres de largeur. 14 fr.

Tableaux d'histoire naturelle, dressés conformément aux programmes de la classe de Philosophie, par MM. Perrier, Gervais, Bonnier et Mangin. Cette collection comprend 60 tableaux de zoologie et de botanique, mesurant chacun 90 cent. sur 1 m. 20, tirés en couleur sur papier blanc, et retouchés au pinceau. Chaque tableau monté sur toile avec gorge et rouleau. 10 fr.

ENSEIGNEMENT SECONDAIRE SPÉCIAL

COURS D'ÉTUDES

RÉPONDANT AUX PROGRAMMES DU 10 AOUT 1886

(34 ouvrages in-16 cartonnés parus depuis 1878)

LANGUE ET LITTÉRATURE FRANÇAISES

Brachet et Dussouchet : *Grammaire française complète.* 1 vol. 2 fr.

— *Exercices sur la Grammaire française complète.* 1 vol. 1 fr. 80

— *Corrigé des Exercices sur la Grammaire complète.* 1 vol. 3 fr.

Brachet et Dussouchet (Suite) : *Grammaire française abrégée.* Théorie et exercices. 1 vol. 1 fr. 80

— *Corrigé des exercices* sur la Grammaire française abrégée, avec exercices complémentaires et corrigé. 1 vol. 3 fr.

Demogeot : *Textes classiques de la littérature française.* 2 vol. 6 fr.

HISTOIRE

Ducoudray, agrégé d'histoire, professeur à l'École normale primaire de la Seine :
— *Histoire de France et notions sommaires d'histoire générale.* 3 vol.   8 fr. 5o
— *Histoire sommaire de la civilisation depuis l'origine jusqu'à nos jours.* 3 vol.   9 fr.
— *Histoire générale depuis l'invasion des Barbares jusqu'en 1875.* 2 vol. avec gravures et cartes.   6 fr. 5o

GÉOGRAPHIE

Cortambert (Richard) : *Géographie générale de l'Afrique, de l'Asie, de l'Océanie et de l'Amérique,* 1re année. 1 vol. avec gravures et cartes.   1 fr. 5o
— *Atlas correspondant,* grand in-8.   5 fr.
— *Géographie générale de l'Europe,* 2e année. 1 vol. avec gravures et cartes.   2 fr.
— *Atlas correspondant,* grand in-8. 3 fr. 5o
— *Géographie générale de la France et de ses colonies,* 3e et 4e années. 1 vol.   3 fr.
— *Atlas correspondant,* gr. in-8.   2 fr. 5o
Petit (A.), ancien élève de l'Ecole normale supérieure : *La France économique,* 4e année. 1 vol.   2 fr. 5o

ÉCONOMIE POLITIQUE

Levasseur, membre de l'Institut, professeur au Collège de France et au Conservatoire des arts et métiers : *Précis d'économie politique.* 5e année. 1 vol.   2 fr. 5o

LÉGISLATION

Delacourtie, avocat à la Cour d'Appel de Paris, docteur en droit : *Éléments de législation civile,* 1e vol.   2 fr.
— *Éléments de législation commerciale et industrielle,* 6e année. 1 vol.   3 fr.

MORALE

Pontsevrez, professeur d'enseignement moral et civique dans les écoles primaires supérieures de la ville de Paris : *Cours de morale pratique,* 4e année. 1 vol.   1 fr. 5o

MATHÉMATIQUES

Lévy (Lucien), professeur au lycée Louis-le-Grand : *Éléments d'arithmétique,* 1re et 2e années. 1 vol.   2 fr. 5o
Dalsème, professeur à l'École normale primaire de la Seine : *Leçons élémentaires de géométrie,* 1re, 2e, 3e et 4e années. 1 vol.   3 fr.
Launay, professeur au lycée Charlemagne : *Éléments d'algèbre,* 3e année. 1 vol.   3 fr.
— 4e et 5e années. 1 vol.   3 fr.
Kiæs : *Cours élémentaire de géométrie descriptive,* 4e, 5e et 6e années. Nouvelle édition, refondue par M. Niewenglowski, professeur au lycée Louis-le-Grand. 1 vol. avec figures et planches.   4 fr.
Bezodis, professeur au lycée Henri IV : *Courbes usuelles et Trigonométrie,* 5e année. 1 vol. avec 19 figures.   2 fr.
Mondiet et **Thabourin,** anciens élèves de l'École normale de Cluny : *Mécanique.* 2 vol.   5 fr.
Guillemin (Amédée) : *Éléments de cosmographie,* 6e année. 1 vol. avec 171 fig. 3 fr.

PHYSIQUE ET CHIMIE

Gossin, proviseur du lycée de Lille : *Cours élémentaire de physique.* 5 vol., avec 856 figures.   15 fr.
Joly (A.), maître de conférences à la Faculté des sciences de Paris : *Cours élémentaire de chimie et manipulations chimiques.* 3 vol.   9 fr.

HISTOIRE NATURELLE

Perrier, professeur au Muséum d'histoire naturelle de Paris : *Notions de zoologie,* 1re année. 1 vol. avec 214 figures. 2 fr. 5o
— *Éléments d'anatomie et de physiologie animales,* 5e et 6e années. 1 vol. avec 100 figures.   3 fr.
Mangin, professeur au lycée Louis-le-Grand : *Botanique élémentaire,* 2e année. 1 vol. avec figures et 2 planches. 3 fr. 5o
— *Anatomie et physique des végétaux,* 6e année. 1 vol. avec 424 figures.   3 fr.
Seignette, professeur au lycée Condorcet : *Géologie élémentaire,* 4e année. 1 vol. avec 173 figures.   2 fr. 5o

ENSEIGNEMENT SECONDAIRE DES JEUNES FILLES

COURS D'ÉTUDES

CONFORME AUX PROGRAMMES DU 28 JUILLET 1882

(24 ouvrages in-16 cartonnés toile, parus depuis 1878)

Plan d'études et programmes de l'enseignement secondaire des jeunes filles. Brochure in-16.   40 c.

LANGUE ET LITTÉRATURE FRANÇAISES

Brachet, lauréat de l'Académie française, et **Dussouchet**, professeur au lycée Henri IV : *Grammaire française complète.* 1 vol.   2 fr.
— *Exercices* sur la Grammaire française complète. 1 vol.   1 fr. 80
— *Grammaire française abrégée.* Théorie et exercices. 1 vol.   1 fr. 80
— *Corrigé des exercices* sur la Grammaire française abrégée, avec exercices complémentaires et corrigé. 1 vol.   3 fr.
Cahen (A.), professeur de rhétorique au collège Rollin : *Morceaux choisis des auteurs français* (1ʳᵉ et 2ᵉ ann.). 1 vol. 3 fr. 50
— *Morceaux choisis des auteurs français* (3ᵉ, 4ᵉ et 5ᵉ années). 1 vol.   7 fr. 50
Lanson, professeur au lycée Michelet : *Principes de composition et de style.* 1 vol.   2 fr. 50

LITTÉRATURES ANCIENNES

Pellisson, professeur au lycée Janson de Sailly : *Histoire sommaire de la littérature romaine.* 1 vol.   3 fr.
Edet, professeur au lycée Lakanal : *Histoire sommaire de la littérature grecque.* 1 v. 3 fr.

HISTOIRE

Ducoudray, agrégé d'histoire, professeur à l'Ecole normale de Saint-Cloud : *Histoire nationale et notions sommaires d'histoire générale*, depuis les origines jusqu'en 1875 (1ʳᵉ, 2ᵉ et 3ᵉ années). 3 vol. 11 fr.
— *Histoire sommaire de la civilisation depuis les origines jusqu'à nos jours.* (4ᵉ et 5ᵉ années). 2 vol.   8 fr.

GÉOGRAPHIE

Cortambert : *Notions élémentaires de géographie générale* (1ʳᵉ année). 1 vol. 1 fr. 50
— *Géographie de l'Europe* (2ᵉ année). 1 volume.   2 fr.
— *Géographie de la France et de ses possessions coloniales* (3ᵉ année). 1 vol. 3 fr.

MATHÉMATIQUES

Bos, ancien inspecteur de l'académie de Paris : *Notions de géométrie plane* (3ᵉ année). 1 vol. avec 189 figures. 1 fr. 50
Pichot, ancien censeur du lycée Condorcet : *Arithmétique et géométrie* (1ʳᵉ année). 1 vol., avec 121 figures.   2 fr.
— *Arithmétique* (2ᵉ année). 1 vol. 1 fr. 30

PHYSIQUE

Gossin, proviseur du lycée de Lille : *Cours élémentaire de physique* (3ᵉ, 4ᵉ et 5ᵉ années). 3 v., avec 154 figures. 2 fr. 50

CHIMIE

Margottet, professeur à la Faculté des sciences de Dijon : *Cours élémentaire de chimie* (3ᵉ année). 1 v., avec 144 fig. 1 fr. 50

COSMOGRAPHIE

Guillemin (Amédée) : *Éléments de cosmographie* (5ᵉ année). 1 v. avec 171 fig. 3 fr.

HISTOIRE NATURELLE

Mangin, agrégé des sciences naturelles, professeur au lycée Louis-le-Grand : *Éléments de botanique* (1ʳᵉ et 2ᵉ années) 1 vol., avec 357 figures.
Perrier, professeur au Muséum d'histoire naturelle et à l'École normale de Sèvres : *Leçons élémentaires sur l'histoire naturelle des animaux* (1ʳᵉ année). 1 vol., avec 269 figures.   2 fr. 50
— *Précis de physiologie animale* (3ᵉ et 4ᵉ années). 1 vol., avec 147 figures. 3 fr.

ENSEIGNEMENT SECONDAIRE

ET ENSEIGNEMENT SUPÉRIEUR

(3o1 *ouvrages parus depuis* 1878)

ÉTUDE DE LA LANGUE FRANÇAISE

Adam (Ch.), chargé du cours de philosophie à la Faculté des lettres de Dijon : *Études sur les principaux philosophes.* 1 vol. in-16.   4 fr.

Albert-Lévy : *Premiers éléments des sciences expérimentales.* 1 vol. in-16, avec 190 figures.   2 fr. 5o

Angot, ancien professeur au lycée Condorcet : *Traité de physique élémentaire.* 1 vol. grand in-8, avec 494 figures.   8 fr.

— *Éléments de physique.* 1 vol. in-16, avec 447 figures.   5 fr.

Aristote : *Morale à Nicomaque,* livre VIII, traduction française de Fr. Thurot, publiée et annotée par M. Ch. Thurot. Petit in-16.   75 c.

Atlas de géographie moderne, par MM. Schrader, Prudent et Anthoine, 64 cartes in-4, divisées en 21 livraisons (en cours de publication). Chaque liv. 1 fr.

Atlas manuel de géographie moderne, contenant 54 cartes imprimées en couleur. 1 vol. in-folio, relié.   32 fr.

Baillon : *Éléments d'histoire naturelle des végétaux.* 1 v. in-16, avec 410 fig. 2 fr. 5o

— *Cours élémentaire de botanique.* 1 vol. in-16, avec 821 figures.   3 fr.

— *Traité de botanique médicale phanérogamique.* 1 fort vol in-8, avec fig.   28 fr.

Berthelot (A.), maître de conférences à l'Ecole des Hautes-Etudes : *Les grandes scènes de l'histoire grecque.* 1 vol. in-16.   2 fr. 5o

Bos, ancien inspecteur de l'académie de Paris : *Éléments d'algèbre.* 1 vol. in-8. 5 fr.

— *Géométrie élémentaire.* 1 vol. in-16, avec 270 figures.   2 fr.

Bos et Rebière, professeur au lycée Saint-Louis : *Éléments de géométrie.* 1 vol. in-8, avec 450 figures.   7 fr.

Brachet (A.) et **Dussouchet,** professeur au lycée Henri IV : *Cours de grammaire française,* rédigé conformément au programme de 1885, à l'usage de l'enseignement secondaire. 8 vol in-16.   14 fr. 75

Buguet (A.), ancien élève de l'École normale supérieure : *Résumés de physique,* sous forme de tableaux synoptiques. 1 vol. in-8, avec 34o figures.   1 fr.

Cabuzel : *Cours de perspective linéaire.* 27 pl. in-f°, avec un texte en marge.   7 fr.

Classiques français. Nouvelle collection, format petit in-16 :

> *Bossuet :* Sermons choisis (Rébelliau). 3 fr.
> *Chanson de Roland* et *Vie de saint Louis de Joinville.* Extraits (G. Paris). 2 fr. 5o
> *Corneille :* Cinna (Petit de Julleville). 1 fr.
> — Horace (Petit de Julleville). 1 fr.
> — Le Cid (Petit de Julleville). 1 fr.
> — Le menteur (Lavigne). 1 fr.
> — Nicomède (Petit de Julleville). 1 fr.
> — Polyeucte (Petit de Julleville). 1 fr.
> *Fénelon :* Télémaque (A. Chassang). 1 fr. 80
> *Joinville :* Histoire de saint Louis (Natalis de Wailly). 2 fr.
> *Molière :* L'avare (Lavigne). 1 fr.
> — Le misanthrope (Lavigne). 1 fr.
> — Le tartuffe (Lavigne). 1 fr.
> *Racine :* Andromaque (Lavigne). 75 c.
> — Britannicus (Lanson). 1 fr.
> — Esther (Lanson). 1 fr.
> — Iphigénie (Lanson). 1 fr.
> — Les plaideurs (Lavigne). 75 c.
> — Mithridate (Lanson). 1 fr.
> *Sévigné :* Lettres choisies (A. Regnier). 1 fr. 80
> *Voltaire :* Choix de lettres (Brunel). 2 fr. 25

Condillac : *Traité des sensations,* livre I, publié et annoté par M. Charpentier, professeur de philosophie au lycée Louis-le-Grand. 1 vol. petit in-16. 1 fr. 5o

Corneille : *Le Cid,* édition annotée par M. Anthoine. 1 vol in-16.   1 fr. 25

— *Horace,* édition annotée par M. Anthoine. 1 vol. in-16.   1 fr. 25

Courcelle-Seneuil : *Traité élémentaire de comptabilité et de tenue de livres.* 1 v. in-16. 2 f.

Delage, maître de conférences à l'École des sciences d'Alger : *Éléments d'histoire naturelle des pierres et des terrains.* 2 vol. in-16, avec figures.   4 fr.

Demogeot : *Histoire des littératures étrangères.* 2 vol. in-16.   8 fr.

Demoulin (Mme) : *Leçons de choses.* 1 vol. in-16, avec 179 figures.   1 fr. 5o

Dessenon, professeur au lycée Saint-Louis : *Éléments de géométrie analytique.* 1 vol. in-8 avec figures. 7 fr. 50

Didelin, ancien directeur des travaux graphiques au lycée d'enseignement spécial de Mont-de-Marsan : *Les éléments du dessin,* texte et planches. 5 fr. 80

Ducoudray, professeur à l'École normale de la Seine : *Histoire sommaire de la civilisation,* depuis l'origine jusqu'à nos jours. 1 fort vol. in-16. 7 fr. 50

Duruy (George), professeur d'histoire au lycée Henri IV : *Biographies d'hommes célèbres des temps anciens et modernes.* 1 vol. in-16, avec 56 gravures. 1 fr.

— *Histoire sommaire de la France depuis l'origine jusqu'à* 1815. 1 vol. in-16, avec gravures et cartes. 2 fr. 50

Filon (Augustin) : *Histoire de la littérature anglaise.* 1 vol. 6 fr.

Ganot : *Traité élémentaire de physique,* édition refondue par M. Maneuvrier, agrégé des sciences physiques et naturelles. 1 fort vol. in-16, de 1147 pages, avec 1016 figures et 2 planches en couleur. 8 fr.

— *Cours de physique purement expérimentale et sans mathématiques,* édition refondue et rédigée à nouveau, par M. Maneuvrier. 1 vol. in-16, de 695 pages, avec 580 fig. et deux planches en couleur. 6 fr.

Gasquet, professeur à la Faculté des lettres de Clermont-Ferrand : *Précis des institutions politiques et sociales de l'ancienne France.* 2 vol in-16. 8 fr.

Gervais : *Cours élémentaire d'histoire naturelle.* 2 vol. in-16, avec de nombreuses figures. 6 fr.

Gossin, proviseur du lycée de Lille : *Cours de physique.* 1 fort vol. in-16, avec 460 fig. et une planche en couleur. 4 fr.

Guillemin (Am.) : *Éléments de cosmographie.* 1 vol. in-16, avec 146 figures. 3 fr.

Habert, ancien inspecteur d'académie : *Précis scolaire d'économie politique.* 1 vol. in-16. 1 fr. 50

Henriet (D') : *Cours rationnel de dessin.* 3 albums in-4, avec texte in-8. 26 fr.

Henry (Victor), professeur à la Faculté des lettres de Lille : *Précis de grammaire comparée du grec et du latin.* 1 vol. in-8. 7 f. 50

Joly (A.), maître de conférences à la Faculté des sciences de Paris : *Éléments de chimie.* 1 vol. in-16, avec figures. 3 fr.

Joran, professeur d'histoire au collège Stanislas : *Programme développé d'histoire des temps modernes, d'histoire contemporaine et d'histoire littéraire.* 1 vol. in-16. 4 fr. 50

La Jonquière (De), ancien professeur à l'École impériale militaire de Constantinople : *Histoire de l'Empire Ottoman.* 1 vol. in-16, avec 4 cartes. 6 fr.

Launay, professeur au lycée Charlemagne : *Premiers éléments d'algèbre.* 1 volume in-16. 3 fr.

Laveleye (De), membre correspondant de l'Institut : *Éléments d'économie politique.* 1 vol. in-16. 3 fr.

La Ville de Mirmont (H. de), maître de conférences à la Faculté des lettres de Bordeaux : *Mythologie élémentaire des Grecs et des Romains.* 1 vol. in-16, avec 45 figures d'après l'antique. 1 fr. 50

Leger (Louis), professeur à l'École des langues orientales : *Histoire de l'Autriche-Hongrie.* 1 vol. in-16, avec cartes. 5 fr.

Lehugeur (Paul), professeur au lycée Charlemagne : *Sommaires d'histoire romaine.* 1 vol. in-16. 1 fr. 50

Leibniz : *Extraits de la Théodicée,* publiés et annotés par M. P. Janet, membre de l'Institut, professeur à la Faculté des lettres de Paris ; 1 vol. petit in-16. 2 fr. 50

— *La Monadologie,* édition publiée par M. H. Lachelier, maître de conférences à la Faculté des lettres de Caen. 1 vol. petit in-16. 1 fr.

— *Nouveaux essais sur l'entendement humain,* avant-propos et livre I, publiés par M. H. Lachelier. 1 vol. petit in-16. 1 fr. 75

Levasseur, membre de l'Institut : *Petit cours d'économie politique.* 1 vol. in-16. 3 fr.

Maire : *Arithmétique.* 2 vol. in-16, avec figures. 2 fr. 50

Malebranche : *De la recherche de la vérité,* livre II, publié et annoté par M. R. Thamin, maître de conférences à la Faculté des lettres de Lyon. 1 volume petit in-16. 1 fr. 50

Mangin, professeur au lycée Louis-le-Grand : *Cours élémentaire de botanique.* 1 vol. in-16, avec fig. et 2 planches. 3 fr. 50

— *Anatomie et physiologie végétales.* 1 vol. in-16, avec figures et 6 planches en couleur. 5 fr.

Merlet, professeur de rhétorique au lycée Louis-le-Grand, membre du Conseil supérieur de l'instruction publique : *Études littéraires sur les classiques français des classes supérieures et du baccalauréat ès lettres.* 2 vol. in-16. 8 fr.

Molière : *Le bourgeois gentilhomme,* comédie-ballet, publiée par M. Vapereau, inspecteur général de l'instruction publique. 1 vol. in-16. 1 fr. 25

Molière : *Les précieuses ridicules*, comédie, publiée par M. Vapereau. 1 volume in-16.   1 fr.
— *Les femmes savantes*, comédie, publiée par M. Vapereau. 1 vol. in-16.   1 fr. 25
Mondiet et Thabourin, agrégés de l'Université, anciens élèves de l'École normale de Cluny : *Cours élémentaire de mécanique.* 3 vol. in-8.   14 fr.
Paris (G.), membre de l'Institut : *Histoire de la littérature française au moyen âge* (xi°-xiv° siècles). 1 vol.   2 fr. 50
Pascal : *Opuscules philosophiques*, publiés par M. Adam, chargé du cours de philosophie à la Faculté des lettres de Dijon. 1 vol. petit in-16.   1 fr. 50
Pellissier, professeur à Sainte-Barbe : *Les grandes leçons de l'antiquité classique.* 1 vol. in-16.   4 fr.
— *Les grandes leçons de l'antiquité chrétienne.* 1 vol. in-16.   5 fr.
Perrier, professeur au Muséum d'histoire naturelle de Paris : *Éléments de zoologie.* 1 vol. in-16, avec 328 figures.   3 fr.
— *Anatomie et physiologie animales.* 1 vol. in-8, avec 328 figures.   8 fr.
Pichot, ancien censeur du lycée Condorcet : *Éléments de trigonométrie rectiligne.* 1 vol. in-8, avec 66 fig.   3 fr. 50
— *Traité élémentaire de cosmographie.* 1 vol. in-8, avec 207 figures et 2 planches. 6 fr.
Pichot et de Batz de Trenquelléon : *Éléments de mécanique.* 1 vol. in-8, avec 178 figures.   3 fr. 50
— *Complément de géométrie descriptive.* 1 vol. in-8, avec 167 figures.   2 fr.
Pontsevrez, professeur d'enseignement moral et civique dans les Écoles primaires supérieures de la ville de Paris : *Éléments de morale.* 1 vol. in-16.   3 fr.
Privat-Deschanel, ancien proviseur du lycée de Vanves : *Premières notions de chimie.* 1 volume petit in-16, avec 45 figures.   1 fr. 25
Privat-Deschanel et Pichot : *Notions élémentaires de physique.* 1 vol. in-16, avec 491 figures.   5 fr.
Quinet (Edgar) : *Pages choisies.* 1 volume in-16.   2 fr.
Rabier (E.), inspecteur d'académie à Paris : *Leçons de philosophie.* 2 vol. in-8. 12 fr. 50
Racine : *Athalie*, tragédie annotée par M. E. Anthoine, ancien inspecteur général de l'instruction publique. 1 volume in-16.   1 fr. 25
— *Britannicus*, tragédie annotée par M. E. Anthoine. 1 vol. in-16.   1 fr. 25

Reclus (Onésime) : *France, Algérie et colonies.* 1 vol. in-16, avec 120 gravures. 5 fr. 50
Reinach (Th.) : *Histoire des Israélites.* 1 vol. in-16.   4 fr.
Richard (du Cantal) : *Dictionnaire raisonné d'agriculture et d'économie du bétail.* 2 vol. gr. in-8.   15 fr.
Robertet : *L'œuvre de Lamartine.* Extraits choisis et annotés à l'usage de la jeunesse, précédés d'une notice sur Lamartine. 1 vol. in-16.   3 fr.
Schutzenberger : *Éléments de chimie.* 1 volume in-16, avec 124 figures.   3 fr.
Seignette, professeur au lycée Condorcet : *Cours élémentaire de géologie.* 1 vol. in-16, avec 184 figures.   2 fr. 50
Tridon-Péronneau, agrégé des classes supérieures : *Recueil de compositions françaises.* 1 vol. in-16.   2 fr.
— *Recueil de dissertations philosophiques.* 1 vol. in-16.   2 fr.
Van den Berg, agrégé d'histoire : *Petite histoire ancienne des peuples de l'Orient.* 1 vol. p. in-16, avec 8 cartes et 36 grav. 3 fr. 50
— *Petite histoire des Grecs.* 1 vol. petit in-16, avec 19 cartes et 85 gravures. 4 fr. 50
Voltaire : *Histoire de Charles XII*, publiée et annotée par M. Maurice Tourneux. 1 vol. in-16.   2 fr.

ÉTUDE DE LA LANGUE LATINE

Bréal (M.), professeur de grammaire comparée au Collège de France, et Bailly, professeur au lycée d'Orléans : *Leçons de mots* : les mots latins groupés d'après le sens et l'étymologie. 2 vol. in-16. 3 fr. 75
— *Dictionnaire étymologique latin.* 1 vol. in-8, cartonné.   9 fr.
Bréal et Person (Léonce), ancien professeur de quatrième au lycée Condorcet : *Grammaire latine élémentaire.* 1 v. in-16. 2 f.
Chatelain, chargé de conférences à la Faculté des lettres de Paris : *Lexique latin-français.* 1 vol. in-16.   6 fr.
— *Paléographie des classiques latins*, collection de fac-similés des principaux manuscrits des écrivains latins.

Les six premières livraisons sont en vente. Prix de chacune.   15 fr.

Cicéron : *Des lois*, livre I, traduction française de M. Ch. de Rémusat, par M. Lucien Lévy. 1 vol. petit in-16.   75 c.
— *Des lois*, livre I, trad. *juxtalinéaire*, par un agrégé. 1 vol. in-16.   1 fr. 50
— *Philippique (seconde) contre M. Antoine*, traduction française. 1 vol. in-16. 1 fr. 50

Classiques latins : nouvelle collection. Format petit in-16 :

Cicero : De legibus liber I (Lucien Lévy). 75 c.
— De natura Deorum, liber II (Thiau-court). . . . . 1 fr. 50
— De signis (E. Thomas). . . . . . 1 fr. 50
— De suppliciis (E. Thomas). . . . 1 fr. 50
— In M. Antonium oratio philippica secunda (Gantrelle). . . . . 1 fr.
— Pro Archia poeta (Thomas). . . . 30 c.
Elégiaques romains (Waltz). . . . . 1 fr. 80
Horace : De arte poetica (Maurice Albert). 60 c.
Lucrèce : De natura rerum, liber V (Benoist et Lantoine). . . . . 90 c.
Ovide : Morceaux choisis des Métamorphoses (Armengaud, prof. au lycée Lakanal). 1 fr. 80
Pline le Jeune : Choix de lettres (Waltz, prof. à l'École supérieure d'Alger). . 1 fr. 80
Quinte-Curce (Dosson). . . . . . . 2 fr. 25
Quintilien : De institutione oratoria, liber X (Dosson). . . . . 1 fr. 50
Salluste (Lallier). . . . . 1 fr. 80
Sénèque : De vita beata (Delaunay). 75 c.
— Lettres à Lucilius I à XVI (Aubé). 75 c.
Tacite : Histoires, livres I et II (Gœlzer). 1 fr. 80
— Vie d'Agricola (Jacob). . . . . . 75 c.
Térence : Adelphes (Psichari et Benoist). 80 c.
Tite-Live : (Riemann, Benoist et Homolle)
  Livres XXI et XXII. . . . . 2 fr.
  Livres XXIII à XXV. . . . . 2 fr. 25
  Livres XXVI à XXX. . . . . 2 fr. 75

Éditions à l'usage des professeurs. Textes latins. Format grand in-8.

Cicéron : Discours pour le poète Archias par M. Emile Thomas, professeur à la Faculté des lettres de Lille. 1 vol. . . . 2 fr. 50
— Discours contre Verrès, sur les supplices, par M. É. Thomas. 1 vol. . . . 4 fr.
— Discours contre Verrès, sur les statues, par M. E. Thomas. 1 vol. . . . 4 fr.
Horace : L'art poétique, par M. M. Albert, professeur au collège Rollin. 1 vol. 2 fr. 50
Lucrèce : De la nature des choses, livre V, par MM. Benoist, professeur à la Faculté des lettres de Paris, et Lantoine. 1 vol. 4 fr.
Salluste : Guerre de Jugurtha, par M. Lallier, ancien professeur à la Faculté des lettres de Paris. 1 vol. . . . . 4 fr.
— Catilina, par M. Antoine, professeur à la Faculté des lettres de Toulouse. 1 v. 6 fr.
Tacite : Dialogue des orateurs, par M. Gœlzer, maître de conférences à la Faculté des lettres de Paris. 1 vol. . . . 4 fr.
Havet (L.), professeur de philologie latine au Collège de France : *Abrégé de grammaire latine,* à l'usage des classes de grammaire. 1 vol. in-16. . . . 1 fr. 50
Marais : *Recueil de versions latines. Textes et traductions.* 2 vol. in-8. . . . 6 fr.

Merlet, professeur de rhétorique au lycée Louis-le-Grand, membre du Conseil supérieur de l'instruction publique : *Études littéraires sur les grands classiques latins.* 1 vol. in-16. . . . . 4 fr.
Person (Léonce), ancien professeur au lycée Condorcet : *Exercices de traduction et d'application* (thèmes et versions) sur les Mots latins de MM. Bréal et Bailly, Cours élémentaire. 1 vol. in-16. 1 fr.
Pline le Jeune : *Choix de lettres,* trad. franç. par M. Walz, sans le texte latin. 1 vol. petit in-16. . . . . . . 2 fr.
Pressard, professeur au lycée Louis-le-Grand : *Premières leçons de latin.* 1 vol. in-16. . . . . 2 fr. 50
— *Exercices latins* sur la Grammaire latine élémentaire de MM. Bréal et Person. 1 vol. in-16. . . . . 2 fr. 50
Sénèque : *De vita beata,* traduction française de J. Baillard, sans le texte latin. 1 vol. petit in-16. . . . . . . 75 c.
Le même ouvrage, traduction *juxtalinéaire* par M. Delaunay. 1 vol. in-16. 1 fr. 50
— *Lettres morales à Lucilius* I à XVI, traduction française de M. J. Baillard, sans le texte. 1 vol. in-16. . . . . 1 fr.
Thurot (Ch.) et Chatelain, maître de conférences à l'École pratique des Hautes Études : *Prosodie latine,* suivie d'un appendice sur la prosodie grecque. 1 vol. in-16. . . . . 1 fr. 25
Tite-Live expliqué par deux traductions françaises, l'une littérale et *juxtalinéaire,* l'autre correcte et précédée du texte latin, par M. Uri, docteur ès lettres, format in-16. *Livres XXI à XXV,* 2 vol. in-16. . . . . 12 fr. 50
Tridon-Péronneau, agrégé des classes supérieures : *Cours de versions latines. Textes et traductions.* 2 vol. in-16. . 3 fr. 50
Uri, agrégé de l'Université : *Recueil de versions latines,* dictées à la Sorbonne de 1883 à 1887. *Textes et traductions.* 2 vol. in-16. . . . . 3 fr.

ÉTUDES DE LA LANGUE GRECQUE ANCIENNE

Aristophane : *Morceaux choisis,* traduction *juxtalinéaire* par M. Poyard. 1 volume in-16. . . . . 6 fr.
Aristote : *Morale à Nicomaque,* traduction française de Fr. Thurot, revue et annotée par Ch. Thurot. 1 volume petit in-16. . . . . 75 c.
Le même ouvrage, traduction *juxtalinéaire* par M. de Parnajon 1 vol. in-16. 1 fr. 50

4

Aristote (Suite). *Morale à Nicomaque*, livre X, traduction française de Fr. Thurot, publié avec une introduction par M. Hannequin. 1 vol. petit in-16. 75 c.

Le même ouvrage, traduction *juxtalinéaire* par M. de Parnajon. 1 v. in-16. 1 fr. 50

Classiques grecs; nouvelle collection. Format petit in-16 :

Aristote : Morale à Nicomaque, livre VIII (Lucien Lévy, prof. au lycée d'Amiens). 1 fr.

— Morale à Nicomaque, livre X (Hannequin, professeur au lycée de Lyon). 1 fr. 50

Eschyle : Les Perses (Weil). 1 fr.

— Prométhée enchaîné (Weil). 1 fr.

— Morceaux choisis (Weil). 2 fr.

Euripide : Théâtre (Weil), Alceste; — Iphigénie en Tauride. Chaque tragédie. 1 fr.

Lucien : Dialogues des morts (Tournier et Desrousseaux). 1 fr. 50

— Le songe, ou le coq (Desrousseaux). 1 fr.

Platon : Criton (Ch. Waddington). 50 c.

— République, livre VI (Aubé). 1 fr. 50

— République, livre VIII (Aubé). 1 fr. 50

Thucydide : Morceaux choisis (Croiset). 2 fr.

Xénophon : Économique (Granx et Jacob). 1 f. 50

— Extraits des Mémorables (Jacob). 1 fr. 50

— Mémorables, livre I (Lebègue). 1 fr.

Bréal, professeur de grammaire comparée au Collège de France, et **Bailly**, professeur au lycée d'Orléans : *Les mots grecs groupés d'après la forme et le sens.* 1 vol. in-16. 1 fr. 50

Éditions à l'usage des professeurs. Textes grecs. Format grand in-8.

Démosthène : Les plaidoyers politiques, 2ᵉ série, par le même. 1 vol. 8 fr.

Thucydide : Guerre du Péloponèse, livres I et II, par M. A. Croiset, professeur à la Faculté des lettres de Paris. 1 v. 8 fr.

Merlet, professeur au lycée Louis-le-Grand, membre du Conseil supérieur de l'instruction publique : *Études littéraires sur les grands classiques grecs.* 1 v. in-16. 4 fr.

Lucien : *Le songe, ou le coq*, traduction juxtalinéaire par M. Feschotte. 1 fr. 50

Person (Léonce), professeur au lycée Condorcet. *Exercices de traduction et d'application sur les Mots grecs de MM. Bréal et Bailly.* 1 vol. in-16. 1 fr. 50

Platon : *République*, 6ᵉ livre, traduction juxtalinéaire par M. Aubé. 1 v. in-16. 2 fr. 50

— *République*, 8ᵉ livre, traduction juxtalinéaire par M. Aubé. 1 vol. in-16. 2 fr. 50

— *République*, 6ᵉ livre, traduction française par M. Aubé. 1 vol. petit in-16. 1 fr.

— *République*, 8ᵉ livre, traduction française par M. Aubé. 1 vol. petit in-16. 1 fr.

Tournier, maître de conférences à l'École normale supérieure : *Clef du vocabulaire grec.* 1 vol. in-16. 2 fr. 50

Tournier et **Riemann**, maîtres de conférences à l'École normale supérieure : *Premiers éléments de grammaire grecque.* 1 vol. in-8. 1 fr. 50

Xénophon : *Anabase*, les sept livres, traduction juxtalinéaire par M. de Parnajon. 2 vol. in-16. 12 fr.

— *Économique*, traduction juxtalinéaire par M. de Parnajon. 1 vol. in-16. 3 fr. 50

— *Économique*, traduction française de M. Talbot, avec le texte grec. 1 vol. in-16. 1 fr. 50

ÉTUDE DES LANGUES VIVANTES

1º Langue allemande.

Auerbach : *Choix de récits villageois de la Forêt-Noire.* Texte allemand, publié et annoté par M. B. Lévy, ancien inspecteur général de l'instruction publique. 1 vol. petit in-16. 2 fr. 50

Le même ouvrage, traduction française par M. Lang, professeur au lycée Janson de Sailly. 1 vol. petit in-16. 3 fr. 50

Benedix : *Le procès*, comédie. Texte allemand, publié et annoté par M. Lange, chargé de conférences à la Faculté des lettres de Paris. 1 vol. petit in-16. 60 c.

Le même ouvrage, traduction française de Mme Boullenot, avec le texte. 1 vol. in-16. 75 c.

Le même ouvrage, traduction juxtalinéaire par M. Lang, professeur au lycée Janson de Sailly. 1 vol. in-16. 1 fr. 50

— *L'entêtement*, comédie. Texte allemand, publié et annoté par M. Lange. 1 vol. petit in-16. 60 c.

Le même ouvrage, traduction française par M. Lang, avec le texte en regard. 1 vol. in-16. 75 c.

Le même ouvrage, traduction juxtalinéaire par M. Lang. 1 vol. in-16. 1 fr. 50

Bossert, inspecteur général de l'instruction publique, et **Beck**, professeur agrégé d'allemand : *Grammaire élémentaire de la langue allemande.* 1 vol. in-16. 1 fr. 50

— *Exercices sur la Grammaire élémentaire de la langue allemande*, en 2 parties. 2 vol. in-16. 3 fr.

— *Les mots allemands* groupés d'après le sens. 1 vol. in-16. 1 fr. 50

— *Exercices sur les Mots allemands* groupés d'après le sens. 1 vol. in-16. 1 fr. 50

Bossert et **Beck** (Suite) : *Lectures allemandes*
à l'usage de l'enseignement secondaire des
jeunes filles. 2 v. in-16, avec grav. 4 fr.
— *Lectures pratiques allemandes*, à l'usage
de l'enseignement secondaire spécial et
de l'enseignement primaire supérieur.
2 vol. in-16. 4 fr.
Bræunig, sous-directeur de l'École alsacienne, et **Dax** : *Exercices pratiques de la
langue allemande.* 4 vol. in-16. 6 fr. 25
Gœthe : *Gœtz de Berlichingen.* Texte allemand, publié par M. Lichtenberger, professeur suppléant à la Faculté des lettres
de Paris ; à l'usage des professeurs. 1 vol.
gr. in-8. 10 fr.
— *Campagne de France*. Traduction française
par J. Porchat. Petit in-16. 2 fr.
— *Faust*, première partie. Texte allemand,
publié et annoté par M. Büchner, professeur à la Faculté des lettres de Caen.
1 vol. petit in-16. 2 fr.
Le même ouvrage, traduction française de
M. Porchat, revue par M. Büchner.
1 vol. petit in-16. 2 fr.
— *Le Tasse*. Traduction française par Jacques Porchat. 1 vol. in-16. 2 fr.
Le même ouvrage, traduction juxtalinéaire
par M. Lang. 1 vol. in-16. 3 fr. 50
Hoffmann : *Le tonnelier de Nuremberg* (Meis-
ter Martin). Texte allemand, annoté par
M. Baüer. 1 vol. petit in-16. 2 fr.
Le même ouvrage, traduction française par
MM. Jeanneret et Malvoisin. 1 v. petit
in-16. 1 fr.
Kleist (De) : *Michael Kohlhaas*. Texte alle-
mand, publié et annoté par M. Koch.
1 vol. petit in-16. 1 fr.
Le même ouvrage, traduction française par
Mme Ida Becker, avec le texte allemand. 1 vol. in-16. 2 fr. 50
Le même ouvrage, traduction juxtali-
néaire par Mme Ida Becker. 1 vol.
in-16. 4 fr.
Koch (L.), professeur au lycée Saint-Louis :
— *Lexique français-allemand.* 1 v. in-16. 4 fr.
— *Lexique allemand-français.* 1 v. in-16. 6 fr.
Kotzebue : *La petite ville allemande*, suivie
d'extraits de *Misanthropie et Repentir* et de
l'*Épigramme*. Texte allemand, publié et
annoté par M. Bailly, maître de conférences à la Faculté des lettres de Lille.
1 vol. petit in-16. 1 fr. 50
Le même ouvrage, traduction française par
M. Desfeuilles, avec le texte allemand.
1 vol. petit in-16. 2 fr.
Le même ouvrage, traduction *juxtalinéaire*
par M. Desfeuilles. 1 v. in-16. 3 fr. 50

Lectures géographiques. Textes extraits
des écrivains allemands par M. Kuhff,
avec des exercices et des cartes. 1 vol.
in-16. 3 fr.
Le Roy : *Recueil de versions allemandes*.
Textes et traductions. 2 vol. in-16. 2 fr
Lessing : *Dramaturgie de Hambourg*, traduction française par M. Desfeuilles, avec
le texte en regard. 1 vol. in-16. 3 fr.
Le même ouvrage, traduction *juxtalinéaire*
par M. Desfeuilles. 1 v. in-16. 7 fr. 50
— *Minna de Barnhelm*, traduction française,
sans le texte allemand, par M. Lang.
1 vol. petit in-16. 2 fr.
Ricquier (E.), professeur agrégé d'allemand au lycée Charlemagne : *Manuel de
grammaire allemande.* 1 v. in-16. 1 fr. 50
— *Cours de thèmes allemands.* 1 vol. in-
16. 1 fr. 50
Scherdlin, professeur au lycée Charlemagne et à l'École polytechnique : *Cours
de thèmes allemands.* 1 vol. in-16. 3 fr.
— *Traduction allemande* du Cours de thèmes.
1 vol. in-16. 3 fr. 50
— *Lectures enfantines allemandes.* 1 vol.
in-16, avec gravures. 1 fr. 25
— *Morceaux choisis d'auteurs allemands*, en
prose et en vers. 7 vol. in-16. 7 fr. 50
Schiller : *La fiancée de Messine*. Texte alle-
mand, publié et annoté par M. Scherdlin,
professeur au lycée Charlemagne. 1 vol
petit in-16. 1 fr. 50
Le même ouvrage, traduction française par
Ad. Regnier. 1 vol. in-16. 2 fr
Le même ouvrage, traduction *juxtalinéaire*
par M. Schnaufer. 1 v. in-16. 3 fr. 50
— *Histoire de la révolte qui détacha les Pays-
Bas de la domination espagnole*. Texte al-
lemand, publié par M. Lange, chargé de
conférences à la Faculté des lettres de
Paris. 1 vol. petit in-16. 2 fr. 50
Le même ouvrage, traduction française par
M. Ad. Regnier. 1 v. petit in-16. 3 fr.
— *Jeanne d'Arc*. Texte allemand, publié et
annoté par M. Bailly, maître de confé-
rences à la Faculté des lettres de Lille.
1 vol. petit in-16. 2 fr. 50
Le même ouvrage, traduction française par
M. Ad. Regnier. 1 v. petit in-16. 2 fr.
— *Oncle et neveu*, comédie. Texte allemand, publié et annoté par M. Briois,
professeur au lycée de Rouen. 1 vol.
petit in-16. 1 fr.
Schmid : *Cent petits contes*. Texte allemand,
publié et annoté par M. Scherdlin. 1 vol.
petit in-16. 1 fr. 50
Le même ouvrage, traduction française par

M. Scherdlin, avec le texte. 1 vol.
in–16.   2 fr.
Le même ouvrage, traduction *juxtalinéaire*
par M. Scherdlin. 1 v. in-16. 3 fr. 50
Schmidt : *Premières années d'allemand.* 1 v.
in–16.   2 fr.
Wildermuth (Ottilie) : *Nouvelles choisies.*
Texte allemand, publié par M. A. Grand-
jean, agrégé de l'Université, professeur
au collège d'Arras. 1 vol. in–16.   2 fr.

2° Langue anglaise.

Aikin et **Barbauld** : *Les soirées au logis*,
extraits publiés avec des notices et des
notes par M. Tronchet, professeur au
lycée de Lyon. 1 v. petit in-16. 1 fr. 50
Battier et **Legrand**, agrégés de l'Université : *Lexique français-anglais.* 1 vol.
in-16.   4 fr.
Beljame (Al.), chargé de cours à la Faculté des lettres de Paris : *Premier livre
de lectures anglaises* (First english reader).
1 vol. in-16, avec gravures.   1 fr.
— *Second livre de lectures anglaises* (Second
english reader). 1 vol. in-16, avec gravures.   1 fr. 25
— *Troisième livre de lectures anglaises* (Third
english reader). 1 vol in-16, avec gravures.   1 fr. 50
— *Exercices oraux de langue anglaise*; suivis
de *Wittington and his cat*, a play by miss
Corner. 1 v. in-16.   1 fr. 50
Bossert, inspecteur général de l'instruction publique, et **Beljame** (Al.) : *Les mots
anglais groupés d'après le sens.* 1 vol.
in–16.   1 fr. 50
Byron : *Childe Harold.* Texte anglais, publié et annoté par M. Émile Chasles,
inspecteur général de l'instruction publique. 1 vol. in-16.   2 fr.
Le même ouvrage, traduction française
avec le texte par M. Bellet, professeur,
membre des commissions d'examen du
département de la Seine. 1 v. in-16. 2 f.
Le même ouvrage, traduction *juxtalinéaire*
par M. Bellet. 1 vol. in–16.   6 fr.
Cook (Le capitaine) : *Voyages.* Texte anglais, extraits publiés par M. Angellier,
maître de conférences à la Faculté des
lettres de Lille. 1 vol. petit in-16. 2 fr.
Edgeworth (Miss) : *Contes choisis*, traduction française sans le texte, par M. Lucien
Beaujeu, professeur d'anglais au lycée
d'Amiens. 1 vol. petit in-16.   2 fr.
— *Old Poz.* Texte anglais, publié et annoté par M. Beljame. 1 vol. petit
in–16.   40 c.

Eliot (G.) : *Silas Marner.* Texte anglais,
publié et annoté par M. Malfroy, professeur au lycée Michelet. 1 vol. petit
in–16.   2 fr. 50
Franklin (B.) : *Autobiographie.* Texte anglais, publié et annoté par M. Fiévet,
professeur au lycée Lakanal. 1 vol. petit
in–16.   1 fr. 50
Le même ouvrage, traduction française
par M. Laboulaye. 1 volume petit
in-16.   1 fr. 50
Goldsmith : *Le voyageur; le village abandonné.* Texte anglais, publié et annoté
par M. Motheré, professeur au lycée
Charlemagne. 1 vol. petit in-16.   75 c.
Le même ouvrage, traduction française de
M. A. Legrand, professeur au lycée de
Versailles, avec le texte en regard.
1 vol. in-16.   75 c.
Le même ouvrage, traduction *juxtalinéaire*
par M. A. Legrand. 1 v. in-16. 1 fr. 50
— *Essais choisis.* Texte anglais, publié et
annoté par M. Mac Enery, professeur au
lycée Condorcet. 1 v. petit in-16. 1 fr. 50
Gray (Th.) : *Choix de poésies.* Texte anglais, publié et annoté par M. Legouis,
maître de conférences à la Faculté des
lettres de Lyon. 1 v. petit in-16. 1 fr. 50
Irving (Washington) : *La vie et les voyages
de Christophe Colomb.* Texte anglais; édition abrégée, publiée et annotée par
M. E. Chasles, inspecteur général de
l'instruction publique. 1 vol. petit
in-16, avec une carte.   2 fr.
Longfellow : *Évangéline et poèmes choisis.*
Texte anglais, publié par M. A. Malfroy, agrégé de l'Université, professeur
au lycée Michelet à Vanves. 1 vol.
in-16, avec de nombreuses grav.   3 fr.
Morel, professeur au lycée Louis-le-Grand :
Cours de thèmes anglais. 1 v. in-16. 2 fr. 50
Passy (P.), professeur à l'Ecole normale
d'instituteurs de la Seine : *Premiers éléments de la langue anglaise.* 1 vol.
in-16.   1 fr. 25
Shakespeare : *Jules César*, traduction française par M. Montégut, avec le texte anglais. 1 vol. in-16.   1 fr. 50
Le même ouvrage, traduction *juxtalinéaire*
par M. Legrand. 1 vol. in-16. 2 fr. 50
— *Henri VIII*, tragédie. Texte anglais, publié et annoté par M. Morel, professeur
au lycée Louis-le-Grand. 1 vol. petit
in-16.   1 fr. 25
Le même ouvrage, traduction française par
M. Montégut, avec le texte. 1 vol.
in-16.   1 fr. 50

Le même ouvrage, traduction *juxtalinéaire* par M. Morel. 1 vol. in-16.   1 fr. 50

— *Othello*. Texte anglais, publié et annoté par M. Morel, professeur au lycée Louis-le-Grand. 1 vol. petit in-16.   1 fr. 80

Le même ouvrage, traduction française par M. E. Montégut, avec le texte anglais. 1 vol. in-16.   1 fr. 50

Le même ouvrage, traduction *juxtalinéaire* par M. Legrand. 1 vol. in-16.   3 fr.

— *Richard III.* Texte anglais, accompagné de notes. 1 vol. petit in-16.   1 fr.

Le même ouvrage, traduction française par M. Bellet, avec le texte anglais. 1 vol. in-16.   2 fr.

Le même ouvrage, traduction *juxtalinéaire* par M. Bellet. 1 vol. in-16.   4 fr.

— *Macbeth*. Texte anglais annoté par M. Morel. 1 vol. petit in-16.   1 fr. 80

Swift : *Les voyages de Gulliver*. Texte anglais, publié et annoté par M. E. Fiévet, professeur au lycée Lakanal. 1 vol. petit in-16.   1 fr. 80

Walter Scott : *Extraits des contes d'un grand-père*. Texte anglais, publié avec une introduction et des notes par M. Talandier. 1 vol. petit in-16.   1 fr. 50

— *Morceaux choisis*. Texte anglais, publié et annoté par M. Battier, ancien professeur au lycée Saint-Louis. 1 v. petit in-16. 3 fr.

LITTÉRATURE GÉNÉRALE

ET

CONNAISSANCES UTILES

COLLECTION

DES

GRANDS ÉCRIVAINS DE LA FRANCE

Nouvelles éditions publiées sous la direction de M. AD. REGNIER, membre de l'Institut, sur les manuscrits, les copies les plus authentiques et les plus anciennes impressions, avec variantes, notes, notices, lexiques et albums, contenant des portraits, fac-similés, etc., publication qui a obtenu à l'Académie française le prix Archon–Despérouses en 1877. Environ 200 volumes in-8 à 7 fr. 50 le volume; 150 à 200 exemplaires numérotés sont tirés sur grand raisin vélin collé, à 20 fr. le volume.

La Bruyère : *OEuvres*, nouvelle édition, par M. G. Servois. 3 v. et un album. 33 fr. 75

La Fontaine : *OEuvres*, nouvelle édition, par M. Henri Regnier. Environ 8 vol. et un album.

Les cinq premiers volumes sont en vente.

La Rochefoucauld : *OEuvres*, nouvelle édition, par MM. D.-L. Gilbert et J. Gourdault. 3 vol. et un album.   35 fr.

Molière : *OEuvres*, nouvelle édition, par MM. E. Despois et P. Mesnard. 10 vol. et un album.   82 fr. 50

Pascal : *OEuvres*, nouvelle édition, par M. P. Faugère. Environ 8 volumes et un album.

Le premier volume est en vente.

Racine (Jean) : *OEuvres*, nouvelle édition, par M. P. Mesnard. 8 vol. plus un volume de musique et un album.   72 fr. 50

Retz (Cardinal de) : *OEuvres*, nouvelle édition, par MM. A. Feillet, J. Gourdault et R. Chantelauze. 10 vol. et un album.

Les neuf premiers volumes sont en vente.

Saint-Simon : *Mémoires*, nouvelle édition, collationnée sur le manuscrit autographe et augmentée des additions de Saint-Simon au *Journal de Dangeau*, et de suites et appendices, par M. de Boislisle. Environ 30 vol. et un album.

Les six premiers volumes sont en vente.

— *Écrits inédits*, publiés, sur les manuscrits conservés au dépôt des Affaires étrangères, par M. P. Faugère. 7 vol. en vente.

PUBLICATIONS

LITTÉRAIRES, HISTORIQUES, PHILOSOPHIQUES, SCIENTIFIQUES
ARTISTIQUES ET DE CONNAISSANCES UTILES

(118 *ouvrages in-8 parus depuis 1878*)

Adam (C.) : *Essai sur le jugement esthétique.* 1 vol. 5 fr.

Anquez, inspecteur général de l'instruction publique : *Henri IV et l'Allemagne.* 1 vol. 5 fr.

Aristote : *Histoire des animaux*, traduite et annotée par J. Barthélemy Saint-Hilaire, de l'Institut. 3 vol. 30 fr.

— *Traité des parties des animaux et de la marche des animaux*, traduit par le même auteur. 2 vol. 20 fr.

— *Traité de la génération des animaux*, traduit par le même auteur. 2 vol. 20 fr.

Auerbach (B.), maître de conférences à la Faculté des lettres de Nancy : *La diplomatie française et la cour de Saxe (1648-1680).* 1 vol. 10 fr.

Aulard, professeur au lycée Janson de Sailly : *L'éloquence parlementaire pendant la révolution française : Les orateurs de la Législative et de la Convention.* 2 vol. 15 fr.

Baillon (H.), professeur d'histoire naturelle médicale à la Faculté de médecine de Paris : *Histoire des plantes*, tomes VI à IX. Chaque volume. 25 fr.

— *Traité de botanique médicale phanérogamique.* 1 vol. avec 3487 figures. 28 fr.

Banderali : *Les chemins de fer métropolitains à New-York et dans les grandes cités américaines.* 1 vol. 3 fr.

Barthélemy (É. de) : *Les correspondants de la marquise de Balleroy.* 2 vol. 3 fr. 50

Baudrillart, de l'Institut : *Histoire du luxe privé et public depuis l'antiquité jusqu'à nos jours.* 4 vol. 30 fr.

— *Les populations agricoles de la France : Normandie et Bretagne* (passé et présent). 1 vol. 7 fr. 50

Beaussire (E.), de l'Institut : *La liberté d'enseignement et l'Université sous la troisième République.* 1 vol. 6 fr.

Beljame (A.), maître de conférences à l'Ecole normale supérieure : *Le public et les hommes de lettres en Angleterre au xviiie siècle.* 1 vol. 7 fr. 50

Bertin : *Les mariages dans l'ancienne société française.* 1 vol. 7 fr. 50

Bouché-Leclercq, professeur suppléant à la Faculté des lettres de Paris : *Manuel des institutions romaines.* 1 vol. 15 fr.

Bougot : doyen de la Faculté des lettres de Dijon : *Étude sur l'Iliade d'Homère.* 1 vol. 7 fr. 50

Bouquet : *Points obscurs de la vie de Corneille.* 1 vol. 7 fr. 50

Bourciez (E.), maître de conférences à la Faculté des lettres de Bordeaux : *Les mœurs polies et la littérature de cour sous Henri II.* 1 vol. 6 fr.

Bourgeois (E.) : *Le capitulaire de Kiersy-sur-Oise (877).* 1 vol. 7 fr. 50

Bourgoin : *Valentin Conrart et son temps.* 1 vol. 5 fr.

Brunel (L.) : *Les philosophes et l'Académie française au xviiie siècle.* 1 vol. 6 fr.

Carré : *L'enseignement secondaire à Troyes*, du moyen âge à la Révolution. 1 v. 7 fr. 50

Catulle : *Poésies.* Traduction en vers français par M. E. Rostand, avec le texte latin revu par M. Benoist, professeur à la Faculté des lettres de Paris. 2 vol. in-8, brochés. 20 fr.

Causeret, inspecteur d'académie : *Étude sur la langue de la rhétorique et de la critique littéraire dans Cicéron.* 1 vol. in-8, broché. 4 fr.

Chaignet, recteur de l'académie de Poitiers : *Essai sur la psychologie d'Aristote.* 1 vol. 10 fr.

— *Histoire de la psychologie des Grecs.* 1 vol. 7 fr. 50

Chérest (A.) : *La chute de l'ancien régime (1787-1789).* 3 vol. 22 fr.

Chéruel, de l'Institut : *Histoire de France pendant la minorité de Louis XIV.* 4 v. 30 fr.

— *Histoire de France sous le ministère de Mazarin.* 3 vol. 22 fr. 50

Chevalier (Le capitaine de vaisseau) : *Histoire de la marine française sous la première République.* 1 vol. 7 fr. 50

— *Histoire de la marine française sous le Consulat et l'Empire.* 1 vol. 7 fr. 50

Club alpin français : *Annuaire* de 1878 à 1888. Chaque vol. avec grav. et cartes. 18 f.

Colmet-Daage (G.) : *La famille de Pilate,* tragédie chrétienne. 1 vol. 3 fr.

Cosneau (E.) : *Le connétable de Richemond (Arthur de Bretagne).* 1 vol. 7 fr. 50

Couat, recteur de l'académie de Lille : *La poésie alexandrine sous les trois premiers Ptolémées.* 1 vol. 7 fr. 50

Croiset (A.), professeur à la Faculté des lettres de Paris : *La poésie de Pindare et les lois du lyrisme grec.* 1 vol. 7 fr. 50

Croiset (M.), professeur à la Faculté des lettres de Montpellier : *La vie et les œuvres de Lucien.* 1 vol. 7 fr. 50

Cucheval-Clarigny : *L'instruction publique en France.* 1 vol. 3 fr.

Curzon (H. de) : *Lettres de W. A. Mozart.* Traduction complète. 1 vol. 10 fr.

— *La maison du Temple de Paris.* 1 vol. 7 50

Daireaux (E.) : *La vie et les mœurs de la Plata.* 2 vol. avec 2 cartes. 15 fr.

Denis (G.), doyen de la Faculté des lettres de Caen : *La comédie grecque.* 2 vol. 15 fr.

Desjardins (E.), de l'Institut : *Géographie historique et administrative de la Gaule romaine.* 3 vol. avec de nombreuses cartes et planches. Chaque vol. 20 fr.

Doncieux (G.) : *Un jésuite homme de lettres au XVIIe siècle : le père Bouhours.* 1 volume. 5 fr.

Dosson (S.), professeur à la Faculté des lettres de Clermont-Ferrand : *Étude sur Quinte-Curce.* 1 vol. 9 fr.

Douarche (A.) : *L'Université de Paris et les Jésuites.* 1 vol. 7 fr. 50

Du Camp (Maxime), de l'Académie française : *Souvenirs littéraires.* 2 vol. 15 fr.

— *Paris bienfaisant.* 1 vol. 7 fr. 50

Dupuy (A.) : *Histoire de la réunion de la Bretagne à la France.* 2 vol. 15 fr.

Duruy (Albert) : *L'instruction publique et la Révolution.* 1 vol. 7 fr. 50

Duruy (George) : *Le cardinal Carlo Carafa* (1519-1561). 1 vol. 7 fr. 50

Duruy (Victor), de l'Académie française : *Histoire des Grecs.* 2 vol. 12 fr.

— *Histoire des Romains.* 7 vol. 52 fr. 50

Faidherbe (Le général), de l'Institut : *Le Sénégal.* 1 vol. 10 fr.

Faligan (E.) : *Histoire de la légende de Faust.* 1 vol. 9 fr.

Franck (Ad.), de l'Institut : *La Kabbale.* 1 vol. 7 fr. 50

Fustel de Coulanges, de l'Institut : *Histoire des institutions politiques de l'ancienne France : la Monarchie franque.* 1 v. 7 fr. 50

— *Recherches sur quelques problèmes d'histoire.* 1 vol. 10 fr.

Gachon, chargé de cours à la Faculté des lettres de Montpellier : *Les États du Languedoc.* 1 vol. 7 fr. 50

Gasquet, professeur à la Faculté des lettres de Clermont-Ferrand : *L'empire byzantin et la monarchie franque.* 1 vol. 10 fr.

Goelzer, maître de conférences à la Faculté des lettres de Paris : *Étude sur la latinité de saint Jérome.* 1 vol. in-8, br. 7 fr. 50

Hauréau (B.), de l'Institut : *Les œuvres de Hugues de Saint-Victor.* 1 vol. 5 fr.

Henry (C.) : *Un érudit, homme du monde, homme d'église, homme de cour* (1630-1721). 1 vol. 4 fr.

Heuzey (L.), de l'Institut : *Les opérations militaires de Jules César étudiées sur le terrain par la mission de Macédoine.* 1 volume. 10 fr.

Homère : *L'Iliade,* traduite en vers par J.-C. Barbier, premier président de la Cour de cassation. 2 vol. in-8. 15 fr.

Hübner (Baron de) : *A travers l'empire britannique.* 2 vol. 15 fr.

— *L'incendie du paquebot la « France »,* brochure. 50 c.

Joret, professeur à la Faculté des lettres d'Aix : *Des rapports intellectuels et littéraires de la France avec l'Allemagne avant 1789.* Brochure. 2 fr.

Langlois, chargé de cours à la Faculté des lettres de Montpellier : *Le règne de Philippe III le Hardi.* 1 vol. 7 fr. 50

Lanson (G.) : *Nivelle de la Chaussée et la comédie larmoyante.* 1 vol. 6 fr.

Larroumet, maître de conférences à la Faculté des lettres de Paris : *Marivaux, sa vie et ses œuvres.* 1 vol. avec 2 portraits et 2 fac-similés. 7 fr. 50

Lavisse (E.), professeur à la Faculté des lettres de Paris : *Étude sur l'une des origines de la monarchie prussienne.* 1 vol. 5 fr.

Legrelle (A.) : *Louis XIV et Strasbourg.* 1 vol. 7 fr. 50

Lemercier (A.-P.) : *Étude littéraire et morale sur la poésie de J. Vauquelin de la Fresnaye.* 1 vol. in-8. — 5 fr.

Lemonnier (H.) : *Études historiques sur la condition privée des affranchis aux trois premiers siècles de l'empire romain.* 1 v. 6 fr.

Leroy-Beaulieu (A.) : *L'empire des Tsars et les Russes.*

TOME III, *La Religion,* 1 vol. 7 fr. 50

Lévy-Bruhl : *L'idée de responsabilité.* 1 vol. 5 fr.

Lintilhac (E.) : *Beaumarchais,* sa vie et ses œuvres. 1 vol. 10 fr.

Longnon : *Atlas historique de la France, depuis César jusqu'à nos jours.* 35 planches grand in-folio, avec texte explicatif grand in-8.

La publication aura lieu en sept livraisons. Les trois premières sont en vente. Chaque livraison. 11 fr. 50

Mabilleau, professeur à la Faculté des lettres de Toulouse : *Étude historique sur la philosophie de la Renaissance en Italie* (Cesare Cremonini). 1 vol. 7 fr. 50

Mariéjol, maître de conférences à la Faculté des lettres de Dijon : *Pierre Martyr d'Anghera.* 1 vol. 5 fr.

Mathieu-Bodet : *Les finances françaises de 1870 à 1878.* 2 vol. 15 fr.

Merlet (G.) : *Tableau de la littérature française, 1800-1815.* 3 vol. 22 fr. 50

Mistral : *Nerto,* poème provençal, avec la traduction française en regard. 1 v. 5 fr.

Monin (H.), chargé de conférences à la Faculté des lettres de Montpellier : *Essai sur l'histoire administrative du Languedoc* (1685-1719). 1 vol. 5 fr.

Monod : *Bibliographie de l'histoire de France.* 1 vol. 9 fr.

Paquier : *Histoire de l'unité politique et territoriale en France.* 3 vol. 18 fr.

Perrens (E.) : *Histoire de Florence,* depuis ses origines jusqu'à la domination des Médicis, tomes IV, V, VI. 22 fr. 50

Petit de Julleville (L.), professeur à la Faculté des lettres de Paris : *Histoire du théâtre en France, les Mystères.* 2 v. 15 fr.

Plessis (Fr.), maître de conférences à la Faculté des lettres de Poitiers : *Études critiques sur Properce et ses élégies.* 1 volume. 7 fr. 50

Port (C.), de l'Institut : *La Vendée angevine; les origines de l'insurrection* (janvier 1789-31 mars 1793). 2 vol. 15 fr.

Puech (A.) : *Prudence,* étude sur la poésie latine chrétienne au ivᵉ siècle. 1 v. 7 fr. 50

Ravaisson (F.) : *La philosophie en France au xixᵉ siècle,* 2ᵉ édition, suivie du rapport sur le prix Victor Cousin (*le scepticisme dans l'antiquité,* 1884). 1 vol. 7 fr. 50

Robiquet (P.) : *Paris et la Ligue sous le règne de Henri III.* 1 vol. 7 fr. 50

Schützenberger, professeur au Collège de France : *Traité de chimie générale,* t. I à V. 5 vol. 64 fr.

Sourches (Marquis de) : *Mémoires sur le règne de Louis XIV,* publiés par M. Edmond Pontal, archiviste paléographe. t. I à VIII. Chaque vol. 7 fr. 50

Souriau (Maurice), maître de conférences à la Faculté des lettres de Caen : *De la convention dans la tragédie classique et dans le drame romantique.* 1 vol. 6 fr.

Souriau (Paul), prof. à la Faculté des lettres de Lille : *Théorie de l'invention.* 1 vol. 3 fr.

Staël-Holstein (Baron de) : *Correspondance diplomatique,* recueillie et publiée par M. Léouzon Le Duc. 1 vol. 7 fr. 50

Taine (H.), de l'Académie française : *Les origines de la France contemporaine.* 4 v. 30 fr.

Thiaucourt (C.), maître de conférences à la Faculté des lettres de Nancy : *Essai sur les traités philosophiques de Cicéron et leurs sources grecques.* 1 vol. 6 fr.

— *Étude sur la conjuration de Catilina par Salluste.* 1 vol. 3 fr.

Thomas (G.) : *Les révolutions politiques de Florence* (1177-1530). 1 vol. 7 fr. 50

Uri (J.) : *Un cercle savant au xviiᵉ siècle, François Guyet* (1575-1655). 1 vol. 6 fr.

Vacherot, de l'Institut : *Le nouveau spiritualisme.* 1 vol. 7 fr. 50

Vast (H.) : *Le cardinal Bessarion.* 1 v. 7 fr. 50

Vernier, maître de conférences à la Faculté des lettres de Besançon : *Études sur Voltaire grammairien.* 1 vol. in-8. 3 fr.

Vivien de Saint-Martin et **Schrader** : *Atlas universel de géographie moderne, ancienne et du moyen âge,* publié par livraisons. Chaque livr. 6 fr.

Les neuf premières livraisons sont en vente.

Wallon, de l'Institut : *Histoire de l'esclavage dans l'antiquité;* 2ᵉ édit. 3 vol. 22 fr. 50

— *Histoire du tribunal révolutionnaire de Paris,* avec le journal de ses actes. 6 v. 45 fr.

— *La révolution du 31 Mai et le fédéralisme en 1793.* 2 vol. 15 fr.

— *Les représentants du peuple en mission,* t. I, II et III. Chaque vol. 7 fr. 50

Whermann : *Étude sur les installations et l'organisation des chemins de fer anglais.* 1 vol. Chaque vol. 3 fr.

Wiesener (L.), ancien professeur d'histoire de l'Université : *Étude sur les Pays-Bas au xviᵉ siècle.* 1 vol. 5 fr.

Zeller (B.), maître de conférences à la Faculté des lettres de Paris : *Richelieu et les ministres de Louis XIII de 1621 à 1624.* 1 vol. 6 fr.

Zeller (E.) : *La philosophie des Grecs.* Traduit de l'allemand par Émile Boutroux et ses collaborateurs. Tome III, 1 vol. 10 fr.

Zeller (J.), professeur à la Faculté des lettres de Nancy : *La diplomatie française vers le milieu du xviᵉ siècle.* 1 v. 7 fr. 50

DICTIONNAIRES

Diccionario frances-español. Basado en la parte francesa sobre el gran diccionario de *E. Littré*, y en la parte española sobre el diccionario de la lengua castellana, por *F. Corona Bustamante*. 1 volume grand in-8.   14 fr.

Dictionnaire des antiquités grecques et romaines, sous la direction de *Ch. Daremberg* et *Edm. Saglio*, et enrichi de 3000 figures d'après l'antique, dessinées par P. Sellier. Livraisons 6 à 13, chaque livraison   5 fr.

Nouveau dictionnaire de géographie universelle, par *Vivien de Saint-Martin*, président honoraire de la Société de géographie de Paris, et *L. Rousselet*. In-4. Livraisons 8 à 48, chaque livraison 2 fr. 50

Dictionnaire géographique et administratif de la France et de ses colonies, rédigé sous la direction de Paul Joanne. In-4 avec gravures et cartes. Livraisons 1 à 13, chaque livraison 1 fr.

Supplément au Dictionnaire de chimie pure et appliquée de *M. Ad. Wurtz.* 2 vol. grand in-8, avec de nombreuses figures.   38 fr. 50

Dictionnaire de botanique, publié sous la direction de M. *Baillon*, professeur à la Faculté de médecine de Paris. In-4 avec figures en noir et planches en couleur. Livraisons 10 à 22. Chaque livraison. 5 fr.

Dictionnaire d'agriculture. Encyclopédie agricole complète, par MM. J.-A. *Barral*, ancien secrétaire perpétuel de la Société nationale d'agriculture de France, et *H. Sagnier*, rédacteur en chef du *Journal de l'agriculture*. In-8 avec gravures. Livraisons 1 à 18. Chaque livraison 3 fr. 50

COLLECTION DE VOYAGES

(32 *volumes in-16, avec gravures et cartes, parus depuis* 1878.)

Chaque volume : broché, 4 fr. — Relié en percaline, tranches rouges, 5 fr. 50

(*La collection comprend* 46 *volumes.*)

Albertis (D') : *La Nouvelle-Guinée.* 1 vol. avec 64 gravures et 2 cartes.

Amicis (De) : *Constantinople.* 1 vol avec 24 gravures.

— *L'Espagne.* 1 vol. avec 24 gravures.

— *La Hollande.* 1 vol. avec 24 gravures.

Belle (H.) : *Trois années en Grèce.* 1 vol. avec 32 gravures et une carte.

Boulangier (E.) : *Voyage à Merv. Les Russes dans l'Asie centrale et le chemin de fer transcaspien.* 1 vol. avec 84 gravures et 14 cartes.

Cameron (V.-L.) : *Notre future route de l'Inde.* 1 vol. avec 29 gravures.

Cotteau (E.) : *De Paris au Japon à travers la Sibérie.* 1 vol. avec 28 grav. et 3 cartes.

— *Un touriste dans l'Extrême Orient.* 1 vol. avec 38 grav. et 3 cartes.

— *En Océanie.* 1 vol. avec 48 gravures et 4 cartes.

Farini (G.-A.) : *Huit mois au Kalahari.* 1 vol. avec 34 gravures et 2 cartes.

Fonvielle (W. de) : *Les affamés du pôle Nord.* 1 vol. avec 19 gravures et 1 carte.

Garnier (Francis) : *De Paris au Tibet.* 1 vol. avec 30 gravures et une carte.

Labonne (Dr H.) : *L'Islande et l'archipel des Færœer.* 1 vol. avec 57 grav. et 2 cartes.

Lamothe (De) : *Cinq mois chez les Français d'Amérique.* 1 vol. avec 24 grav. et 1 carte.

Largeau (V.) : *Le pays de Rirha ; Ouargla.* 1 vol. avec 12 gravures et 1 carte.

— *Le Sahara algérien ; les déserts de l'Erg.* 1 vol. avec 17 gravures et 3 cartes.

Leclercq (J.) : *Voyage au Mexique.* 1 vol. avec 36 gravures et 1 carte.

— *La Terre des Merveilles.* 1 vol. avec 40 gravures et 2 cartes.

Marche (A.) : *Trois voyages dans l'Afrique occidentale.* 1 v. avec 24 gravures et 1 carte.

— *Luçon et Palaouan.* 1 vol. avec 68 gravures et une carte.

Markhan : *La mer glacée du pôle.* 1 vol. avec 32 gravures et 2 cartes.

Montano (Dr J.) : *Voyage aux Philippines et en Malaisie.* 1 vol. avec 30 gravures et 1 carte.

Pietri (Le capitaine) : *Les Français au Niger.* 1 vol. avec 28 gravures et une carte.

Reclus (A.) : *Panama et Darien.* 1 vol. avec 60 gravures et 4 cartes.

Reclus (É.) : *Voyage à la Sierra Nevada de Sainte-Marthe.* 1 vol. avec 21 grav. et 1 carte.

Rousset (L.) : *A travers la Chine.* 1 vol. avec 28 gravures et 1 carte.

Simonin (L.) : *Le monde américain.* 1 vol. avec 24 gravures.

Tanneguy de Wogan : *Voyage du canot en papier le « Qui vive ».* 1 vol. avec 21 grav.

Thomson (J.) : *Au pays des Massaï.* 1 vol. avec 54 gravures.

Ujfalvy-Bourdon (Mme de) : *Voyage d'une Parisienne dans l'Himalaya occidental.* 1 vol. avec 64 gravures.

Weber (De) : *Quatre ans au pays des Boers.* 1 vol. avec 25 gravures et 1 carte.

BIBLIOTHÈQUE VARIÉE

(253 *volumes in-16 parus depuis* 1878.)

La demi-reliure, dos chagrin, tranches dorées, se paye, en sus du prix ci-après marqué, 2 fr.

Iʳᵉ SÉRIE A 3 FR. 50 LE VOLUME

(*La collection comprend* 650 *volumes.*)

About (Ed.) : *Le roman d'un brave homme.* 1 vol.
— *De Pontoise à Stamboul.* 1 vol.

Albert (Paul) : *La littérature française au* xvIIIᵉ *siècle.* 1 vol.
— *La littérature française au* xIxᵉ *siècle.* 2 vol.
— *Variétés morales et littéraires.* 1 vol.
— *Poètes et poésies.* 1 vol.

Amicis (De) : *Souvenirs de Paris et de Londres.* 1 vol.

Anthoine, ancien inspecteur général de l'instruction publique : *A travers nos écoles.* 1 vol.

Barine (Arvède) : *Portraits de femmes.* 1 vol.
— *Essais et fantaisies.* 1 vol.

Berger (A.) : *L'école française de peinture.* 1 volume.

Bersot : *Un moraliste.* 1 vol.
— *Questions d'enseignement.* 1 vol.

Berthault : *La guerre de Troie.* 1 vol.

Bigot (Ch.) : *Questions d'enseignement secondaire.* 1 vol.
— *Peintres français contemporains.* 1 vol.

Boissier, de l'Académie française : *Promenades archéologiques : Rome et Pompéi.* 1 v.
— *Nouvelles promenades archéologiques : Horace et Virgile.* 1 vol.

Bouillier, de l'Institut : *L'Institut et les Académies de province.* 1 vol.
— *La vraie conscience.* 1 vol.
— *Études familières de psychologie et de morale.* 1 vol.
— *Nouvelles Études familières de psychologie et de morale.* 1 vol.
— *Questions de morale pratique.* 1 vol.

Boulay de la Meurthe (Le comte) : *Le Directoire et l'expédition d'Égypte.* 1 vol.
— *Les dernières années du duc d'Enghien* (1801-1804). 1 vol.

Brunetière : *Études critiques sur l'histoire de la littérature française.* 3 vol.

Caro (E.), de l'Académie française : *Le pessimisme au* xIxᵉ *siècle.* 1 vol.
— *La fin du* xvIIIᵉ *siècle :* études et portraits. 2 vol.
— *M. Littré et le positivisme.* 1 vol.
— *Problèmes de morale sociale.* 1 vol.
— *Mélanges et portraits.* 2 vol.
— *Poètes et romanciers.* 1 vol.
— *Philosophie et philosophes.* 1 vol.
— *Variétés littéraires.* 1 vol.

Carrau (L.), maître de conférences à la Faculté des lettres de Paris : *Étude sur la théorie de l'évolution.* 1 vol.

Charnay (D.) : *Une princesse indienne avant la conquête.* 1 vol.

Charton (E.) : *Le tableau de Cébès.* 1 vol.

Cherbuliez (V.), de l'Académie française :
— *L'idée de Jean Téterol.* 1 vol.
— *Amours fragiles.* 1 vol.
— *Noirs et Rouges.* 1 vol.
— *La ferme du Choquard.* 1 vol.
— *Olivier Maugant.* 1 vol.
— *La bête.* 1 vol.
— *La vocation du comte Ghislain.* 1 vol.

Coubertin : *L'éducation en Angleterre.* 1 vol.
— *L'éducation anglaise en France.* 1 vol.

Daudet (E.) : *Histoire des conspirations royalistes du Midi sous la Révolution* (1790-1793). 1 vol. avec 2 cartes.

Daudet (Suite) : *Histoire de la Restauration* (1814-1830). 1 vol.

Deltour, inspecteur général de l'instruction publique : *Les ennemis de Racine au XVIIᵉ siècle.* 1 vol.

Du Camp (M.), de l'Académie française :
— *La charité privée à Paris.* 1 vol.
— *La Croix rouge de France.* 1 vol.

Du Mesnil (A.) : *Propos interrompus.* 1 vol.

Duruy (A.) : *L'instruction publique et la démocratie* (1879-1886). 1 vol.

Duruy (G.) : *Andrée.* 1 vol.
— *Le garde du corps.* 1 vol.
— *L'unisson.* 1 vol.
— *Victoire d'âme.* 1 vol.

Énault (L.) : *Le châtiment.* 1 vol.
— *Valneige.* 1 vol.
— *Le château des Anges.* 1 vol.

Euripide : *Théâtre et fragments*, traduction française par Hinstin. 2 vol.

Ferneuil : *La réforme de l'enseignement public en France.* 1 vol.
— *Les principes de 1789 et la science sociale.* 1 volume.

Figuier (L.) : *L'année scientifique et industrielle*, trente et une années (1878-1888). 11 volumes.

Filon (A.) : *Amours anglais.* 1 vol.

Flammarion (C.) : *Contemplations scientifiques.* Deuxième série. 1 vol.

Fouillée, maître de conférences à l'École normale supérieure : *L'idée moderne du droit.* 1 vol.
— *La science sociale contemporaine.* 1 vol.
— *La propriété sociale et la démocratie.* 1 v.
— *La philosophie de Platon.* 3 vol.

Franck (Ad.), de l'Institut : *Essais de critique philosophique.* 1 vol.

Geffroy, de l'Institut : *Madame de Maintenon d'après sa correspondance authentique.* 2 volumes.

Girard (J.), de l'Institut : *Études sur la poésie grecque.* 1 vol.
— *Essai sur Thucydide.* 1 vol.

Giraud (Ch.) : *La maréchale de Villars et son temps.* 1 vol.

Goumy (E.) : *La France du centenaire.* 1 volume.

Grad, député de l'Alsace au Reichstag : *Le peuple allemand, ses forces et ses ressources.* 1 volume.

Grandeau (L.), directeur de la station agronomique de l'Est : *Études agronomiques* (1885-1888). 3 vol.

Gréard (O.), de l'Académie française :
— *L'éducation des femmes par les femmes.* 1 v.
— *Éducation et instruction.* 4 vol.

Grousset (R.) : *OEuvres posthumes*, publiées par MM. Doumil et Imbart de la Tour. 1 volume.

Guizot (F.) : *Lettres de M. Guizot à sa famille et à ses amis*, recueillies par Mme de Witt, née Guizot. 1 vol.

Guyot (A.) : *Géographie physique comparée.* 1 volume.

Hanotaux (G.) : *Études historiques sur le XVIᵉ et le XVIIᵉ siècle en France.* 1 vol.

Hayem (J.) : *Quelques réformes dans les écoles primaires.* 1 vol.

Hervé (E.) : *La crise irlandaise depuis la fin du XVIIIᵉ siècle jusqu'à nos jours.* 1 v.

Hinstin (G.) : *Chefs-d'œuvre des orateurs attiques*, traduction nouvelle. 1 vol.

Hübner (Baron de) : *Sixte-Quint d'après des correspondances diplomatiques inédites.* 2 v.

Joly, professeur à la Faculté des lettres de Paris : *Psychologie des grands hommes.* 1 v.

Karamzine : *Voyage en France* (1789-1790), traduit du russe par A. Legrelle. 1 vol.

Kergomard (Mme) : *L'éducation maternelle dans l'école.* 1 vol.

Kœchlin-Schwartz : *Un touriste en Laponie.* 1 vol.

La Brière (L. de) : *Madame de Sévigné en Bretagne.* 1 vol.

Lacroix (J.) : *Les satires de Juvénal*, traduites en vers. 1 vol.

Laffitte (P.) : *Le paradoxe de l'égalité.* 1 vol.
— *Le suffrage universel et le régime parlementaire.* 1 vol.

Lamartine : *La politique de Lamartine ;* choix de discours et écrits politiques. 2 vol.

Larchey (Lorédan) : *Les cahiers du capitaine Coignet* (1799-1815). 1 vol.

Larroumet (G.), maître de conférences à la Faculté des lettres de Paris : *La comédie de Molière.* 1 vol.
— *La comédie en France au XVIIIᵉ siècle.* 2 vol.

Lavisse (E.) : professeur à la Faculté des lettres de Paris : *Essais sur l'Allemagne impériale.* 1 vol.

Lenthéric (C.) : *La région du Bas-Rhône.* 1 vol.

Leroy-Beaulieu (A.) : *Un homme d'État russe* (Nicolas Milutine). 1 vol.

Liégeard (S.) : *Les grands cœurs*, poésies. 1 vol.
— *Au caprice de la plume.* 1 vol.

Luce (S.), de l'Institut : *Jeanne d'Arc à Domremy.* 1 vol.

Marbeau (E.) : *Slaves et Teutons*, notes et impressions de voyage. 1 vol. avec 2 cartes.

Marmier (X.), de l'Académie française :
— *Les hasards de la vie.* 1 vol.
— *Nouveaux récits de voyage.* 1 vol.
— *Contes populaires de différents pays.* 2 vol.
— *Nouvelles du Nord.* 1 vol.
— *Légendes des plantes et des oiseaux.* 1 vol.
— *A la maison.* 1 vol.
— *A la ville et à la campagne.* 1 vol.
— *Passé et Présent.* 1 vol.
— *Voyages et littérature.* 1 vol.
Martha (C.), de l'Institut : *Études morales sur l'antiquité.* 1 vol.
— *La délicatesse dans l'art.* 1 vol.
— *Voyages et littérature.* 1 vol.
Martin (A.), chargé de cours à la Faculté des lettres de Nancy : *L'éducation du caractère.* 1 vol.
Maunoir et **Duveyrier** : *L'année géographique,* 2ᵉ série (1877 et 1878). 2 vol.
Mézières (A.), de l'Académie française : *Shakespeare, ses œuvres et ses critiques.* 1 vol.
— *Prédécesseurs et contemporains de Shakespeare.* 1 vol.
— *Contemporains et successeurs de Shakespeare.* 1 vol.
— *Hors de France.* 1 vol.
— *En France :* XVIIIᵉ et XIXᵉ siècles. 1 vol.
Millet (R.) : *La France provinciale.* 1 vol.
Mismer (Ch.) : *Souvenirs d'un dragon de l'armée de Crimée.* 1 vol.
Mistral : *Mireille,* poème provençal traduit en vers français par E. Rigaud, avec le texte en regard. 1 vol.
Molière : *OEuvres.* 2 vol.
Montégut (E.) : *L'Angleterre et ses colonies australes.* 1 vol.
— *Poètes et artistes de l'Italie.* 1 vol.
— *Types littéraires, fantaisies esthétiques.* 1 vol.
— *Essais sur la littérature anglaise.* 1 vol.
— *Nos morts contemporains.* 2 vol.
— *Écrivains modernes de l'Angleterre.* 2 vol.
— *Livres et âmes des pays d'Orient.* 1 vol.
— *Choses du Nord et du Midi.* 1 vol.
— *Mélanges critiques.* 1 vol.
— *Libres opinions morales et politiques.* 1 vol.
Moüy (Ch. de) : *Discours sur l'histoire de France.* 1 vol.

Paris (G.), de l'Institut : *La poésie du moyen âge,* leçons et lectures. 1 vol.
Pécaut (F.), ancien inspecteur général de l'instruction publique : *Études au jour le jour sur l'éducation nationale* (1871-79). 1 v.
— *Deux mois de mission en Italie.* 1 vol.
Pellissier (G.) : *Le mouvement littéraire au* XIXᵉ *siècle.* 1 vol.
Picot (G.), de l'Institut : *La réforme judiciaire en France.* 1 vol.
Poradowska (M.) : *Demoiselle Micia.* 1 vol.
Reinach (Joseph) : *Études de littérature et d'histoire.* 1 vol.
Relave (L'abbé) : *La vie et les œuvres de Töpffer.* 1 vol.
Richter (J.-P.) : *OEuvres diverses.* 1 vol.
Riffard : *Contes et apologues.* 1 vol.
Saint-Simon (Duc de) : *Mémoires,* t. XXI (supplément), t. XXII (Table alphabétique des Mémoires). 2 vol.
Shakespeare : *Hamlet,* tragédie traduite en prose et en vers par M. Th. Reinach. 1 v.
Simon (Jules), de l'Académie française : *La réforme de l'enseignement secondaire.* 1 vol.
Simonin (L.) : *Les ports de la Grande-Bretagne.* 1 vol.
Spuller (E.) : *Au ministère de l'instruction publique.* Discours, allocutions, circulaires. 1 vol.
Stapfer (P.), professeur à la Faculté des lettres de Bordeaux : *Molière et Shakespeare.* 1 vol.
Strabon : *Géographie,* traduction française par M. Amédée Tardieu, t. III. 1 vol.
Thamin (R.), professeur à la Faculté des lettres de Lyon : *Un problème moral dans l'antiquité.* 1 vol.
Valbert : *Hommes et choses du temps présent.* 1 vol.
Varigny (De) : *L'océan Pacifique.* 1 vol.
— *Les grandes fortunes aux États-Unis et en Angleterre.* 1 vol.
Wallon, de l'Institut : *Éloges académiques.* 2 vol.
Witt (Mme de), née Guizot : *Monsieur Guizot dans sa famille et avec ses amis* (1787-1874). 1 vol.

2ᵉ SÉRIE. OUVRAGES À PRIX DIVERS

Bersot : *Conseils d'enseignement, de philosophie et de politique.* 1 vol.   1 fr.
Blerzy. *Essais philosophiques et littéraires.* 1 vol.   2 fr.
Busquet (A.) : *Poésies.* 2 vol.   7 fr.
— *L'Italie au* XVᵉ *siècle : le triomphe de l'a-*

mour. Drame en 2 actes et en vers. 1 vol.   3 fr. 50
— *La comédie du Renard,* comédie en 2 actes et en prose. 1 vol.   3 fr. 50
Chabrier (A.) : *Les orateurs politiques de la France.* 1 vol.   4 fr.

Collin (P.) : *Les heures paisibles*, stances et sonnets. 1 vol. 3 fr.

Colmet-Daage (G.) : *Histoire d'une vieille maison de province* (1783-1883). 1 vol. 2 fr.

Drouet (H.) : *Alger et le Sahel.* 1 vol. 3 fr. 50

Enault (L.) : *L'amour et la guerre.* 2 v. 2 fr. 50

Gœthe : *Hermann et Dorothée*, poème traduit en vers par M. Gabriel Colmet. 1 vol. 2 fr.

Joliet (C.) : *Mille jeux d'esprit.* 1 vol. 2 fr.

Hasdeu (Julie) : *Bourgeons d'avril*, poésies. 1 vol. 5 fr.

Laveleye (E. de) : *Éléments d'économie politique.* 1 vol. 3 fr.

Le Gal La Salle : *L'héritage de Jacques Farruel.* 1 vol. 3 fr.

Lemaître (J.) : *La comédie après Molière et le théâtre de Dancourt.* 1 vol. 3 fr. 50

Marie (Mme G.-V.) : *Le petit livre de cuisine.* 1 vol. 2 fr.

Menault (E.) : *Leçons de choses faites au concours général agricole de Paris* en 1888. 1 vol. 3 fr.

Ouida : *Umilta.* 1 vol. 3 fr.

— *La princesse Zouroff.* 1 vol. 3 fr.

— *Les fresques.* 1 vol. 3 fr.

Ouida (Suite) : *Musa*, imité par J. Girardin. 1 vol. 3 fr.

— *Wanda;* 2ᵉ édition. 2 vol. 6 fr.

— *Les Napraxine.* 2 vol. 6 fr.

— *Othmar.* 2 vol. 6 fr.

— *Don Gesualdo. — Une rose de Provence. — Pepistrello.* 1 vol. 3 fr.

— *Scènes de la vie de château.* 1 vol. 3 fr.

Pépratx (J.) : *L'Atlantide*, poème catalan de Don Jacinto Verdaguer, traduit en français. 1 vol. 3 fr. 50

Picot (G.), de l'Institut : *Le centenaire de l'assemblée de Vizille.* Brochure, 40 c.

Rostand (E.) : *Les sentiers unis*, poésies. 1 vol. 3 fr.

Sizeranne (De la) : *Les aveugles par un aveugle.* 1 vol. 2 fr.

Teissier (O.) : *La maison d'un bourgeois au* XVIIIᵉ *siècle.* 1 vol. 3 fr. 50

Tolstoï (Comte) : *La guerre et la paix* (1805-1820). 3 vol. 9 fr.

— *Anna Karénine.* 2 vol. 6 fr.

— *Les Cosaques. — Scène du siège de Sébastopol.* 1 vol. 3 fr.

— *Souvenirs.* 1 vol. 3 fr.

Witt (Mme de), née Guizot : *Une belle vie; Madame Jules Mallet.* 1 vol. 1 fr.

LES GRANDS ÉCRIVAINS FRANÇAIS

ÉTUDES SUR LA VIE, LES ŒUVRES ET L'INFLUENCE DES PRINCIPAUX AUTEURS

DE NOTRE LITTÉRATURE

6 VOLUMES IN-16 A 2 FR. LE VOLUME

Chaque volume est orné d'un portrait en photogravure.

Victor Cousin, par M. Jules Simon, de l'Académie française. 1 vol.

George Sand, par M. E. Caro, de l'Académie française. 1 vol.

Mme de Sévigné, par M. Gaston Boissier, de l'Académie française. 1 vol.

Montesquieu, par M. Albert Sorel, lauréat de l'Institut. 1 vol.

Turgot, par M. Léon Say, de l'Académie française. 1 vol.

A. Thiers, par M. de Rémusat, sénateur. 1 vol.

PETITE BIBLIOTHÈQUE DE LA FAMILLE

24 VOLUMES PETIT IN-16 A 2 FR. LE VOLUME

Fleuriot (Mlle Z.) : *Tombée du nid.* 1 vol.

— *Raoul Daubry*, chef de famille. 1 vol.

— *L'héritier de Kerguignon.* 1 vol.

— *Réséda.* 1 vol.

— *Ces bons Rosaec!* 1 vol.

— *La vie en famille.* 1 vol.

Fleuriot (Suite) : *Le cœur et la tête.* 1 vol.

— *Au Galadoc.* 1 vol.

— *De trop.* 1 vol.

— *Le théâtre chez soi,* comédies et proverbes. 1 vol.

Fleuriot Kérinou : *De fil en aiguille.* 1 vol.

Girardin (J.) : *Le locataire des demoiselles Rocher*. 1 vol.
— *Les épreuves d'Étienne.* 1 v.
— *Les théories du docteur Wurtz.* 1 vol.
— *Miss Sans-Cœur.* 1 vol.
— *Les braves gens.* 1 vol.
Marcel (Mme J.) : *Le Clos-Chantereine.* 1 vol.
Wiele (Mme van de) : *Filleul du roi!* 1 vol.

Witt (Mme de), née Guizot : *Tout simplement.* 1 vol.
— *Reine et maîtresse.* 1 vol.
— *Un héritage.* 1 vol.
— *Ceux qui nous aiment et ceux que nous aimons.* 1 vol.
— *Sous tous les cieux.* 1 vol.
— *A travers pays.* 1 vol.

BIBLIOTHÈQUE
DES MEILLEURS ROMANS ÉTRANGERS
TRADUCTIONS FRANÇAISES

(132 *volumes in-16 parus depuis* 1878.)

(*La collection comprend* 370 *volumes.* — Chaque volume broché, 1 fr. 25.)

Alarcon : *L'enfant à la boule.* 1 vol.
Alexander (Mrs.) : *L'épousera-t-il?* 2 vol.
— *Une seconde vie.* 2 vol.
Anonymes : *Tom Brown à Oxford.* 2 vol.
— *Mehalah.* 1 vol.
— *Molly Bawn.* 1 vol.
— *Doris,* par l'auteur de *Molly Bawn.* 1 vol.
— *Portia.* 1 vol.
— *Le bien d'autrui.* 1 vol.
— *La conquête d'une belle-mère.* 1 vol.
— *Rossmoyne.* 1 vol.
— *La maison du marais.* 1 vol.
— *Hélène Clifford.* 1 vol.
Austen (Miss) : *Persuasion.* 1 vol.
Beaconsfield (Lord) : *Endymion.* 2 vol.
Berzezio (V.) *Les anges de la terre.* 1 vol.
— *Pauvre Jeanne!* 1 vol.
Black (W.) : *Anna Beresford.* 1 vol.
Blakmore (R.) : *Erema.* 2 vol.
Blest Gana (A.) : *L'idéal d'un mauvais sujet.* 1 vol.
Braddon (Miss) : *Joshua Haggard.* 2 vol.
— *Barbara.* 1 vol.
— *Vixen.* 2 vol.
— *Le chêne de Blatchmardean.* 1 vol.
— *Fatalité.* 1 vol.
Burnett (F.-H.) : *Entre deux présidences.* 2 vol.
— *Le bocage de Saint-Alipio.* 1 vol.
Carmen Sylva : *Nouvelles.* 1 vol.
Conway (H.) : *Le secret de la neige.* 1 vol.
— *Affaire de famille.* 1 vol.
— *Vivant ou mort.* 1 vol.
Craik (Miss Mullock) : *Deux mariages.* 1 vol.
— *Une noble femme.* 1 vol.
— *Mildred.* 1 vol.
Cummins (Miss) : *Les cœurs hantés.* 1 vol.
Derrick (F.) : *Olive Varcoe.* 2 vol.

Edwardes (Mrs. Annie) : *Un bas-bleu.* 1 vol.
— *Une singulière héroïne.* 1 vol.
Edwards (Miss Amelia) : *L'héritage de Jacob Trefalden.* 2 vol.
Eliot (G.) : *Adam Bede.* 2 vol.
— *La conversion de Jeanne.* 1 vol.
— *Les tribulations du révérend A. Barton.* 1 vol.
— *Le moulin sur la Floss.* 2 vol.
— *Romola.* 2 vol.
— *Silas Marner.* 1 vol.
Elliot (F.) : *Les Italiens.* 1 vol.
Farjeon : *Le mystère de Porter-square.* 1 vol.
Farina (S.) : *Amour aveugle.* 1 vol.
— *Le trésor de Donnina.* 1 vol.
— *L'écume de la mer.* 1 vol.
Fleming (G.) : *Un roman sur le Nil.* 1 vol.
— *Pour la gloire.* 1 vol.
Fleming (M.) : *Un mariage extravagant.* 2 vol.
— *Le mystère de Catheron.* 2 vol.
— *Les chaînes d'or.* 1 vol.
Galdos (Perez) : *Maraniela.* 1 vol.
— *L'ami Manso.* 1 vol.
Grenville-Murray : *Une famille endettée.* 1 vol.
Hamilton-Aïdé : *Rita.* 1 vol.
Hardy (T.) : *Le trompette-major.* 1 vol.
Harwood (J.) : *Lord Ulswater.* 2 vol.
Haworth (Miss) : *Une méprise.* 1 vol.
Helm (Mme) : *Madame Théodore.* 1 vol.
Hillern (Mme de) : *Le couvent de Marienberg.* 1 vol.
Howells : *La passagère de l'Aroostoock.* 1 v.
Jackson (H.) : *Ramona.* 1 vol.
James : *L'Américain à Paris.* 2 vol.
— *Roderick Hudson.* 1 vol.
Jokaï (M.) : *Le nouveau seigneur.* 1 vol.

Kraszewski (J.) : *Sur la Sprée*. 1 vol.
Lytton (Lord) : *Glenaveril*. 1 vol.
Mancini (P.) : *De ma fenêtre*. 1 vol.
Marryat (Miss) : *Deux amours*. 2 vol.
Marsh (Mrs.) : *Le contrefait*. 1 vol.
Mayne-Reid : *Les partisans*. 1 vol.
Nouvelles du Nord, traduites du suédois, de A. Blanche, Frederika Bremer, J.-L. Rudeberg, etc. 1 vol.
Ouida : *Ariane*. 2 vol.
— *Pascarel*. 1 vol.
— *Amitié*. 1 vol.
Page (H.) : *Un collège de femmes*. 1 vol.
Poynter (E.) : *Hetty*. 1 vol.
Reade et Dion-Boucicault : *L'île providentielle*. 2 vol.
Reuter (F.) : *En l'année 1813*. 1 vol.
Rockingham (C.) : *Les surprises d'un célibataire*. 1 vol.
Sacher-Masoch : *Le nouveau Job*. — *Le laid*. 1 vol.

Sacher-Masoch (Suite) : *A Koloméa*. 1 vol
— *Entre deux fenêtres*. 1 vol.
— *La pêcheuse d'âmes*. 1 vol.
— *Sascha et Saschka*. 1 vol.
Salow : *Nouvelles russes*. 1 vol.
Schubin (O.) : *L'honneur*. 1 vol.
Segrave (A.) : *Marmorne*. 1 vol.
Spielhagen (F.) : *Le mariage d'Ellen*. 1 vol.
Stinde : *La famille Buchholz*. 1 vol.
Townsend (V.-F.) : *Madeline*. 1 vol.
Trollope (A.) : *La veuve remariée*. 2 vol.
— *Le cousin Henry*. 1 vol.
— *Les tours de Barchester*. 2 vol.
Werner (E.) : *Vineta*. 1 vol.
Wichert : *Les perturbations*. 1 vol.
Wilkie Collins : *L'hôtel hanté*. 1 vol.
— *La fille de Jézabel*. 1 vol.
— *Je dis non*. 2 vol.
Wood (Mrs.) : *La gloire des Verner*. 2 vol.
— *Edina*. 2 vol.
— *L'héritier de Court-Netherleigh*. 2 vol.

LITTÉRATURE POPULAIRE

(23 *volumes in-16 parus depuis* 1878)

Chaque volume : broché, 1 fr. 25. — La plupart des volumes contiennent des gravures.

(*La collection comprend* 100 *volumes*.)

Bourde (P.) : *Le patriote*.
Deherrypon : *La boutique de la marchande de poissons*.
— *La boutique du charbonnier*.
Ernouf : *Pierre Latour du Moulin*.
— *Histoire de quatre inventeurs français*.
Flammarion : *Petite astronomie descriptive*.
Fonvielle (De) : *Les drames de la science*. 2 v.
— *Le glaçon du Polaris*.
Grandeau : *L'épuisement du sol et les récoltes*. 1 vol.
Guillemin : *La lune*.

Guillemin (Suite) : *Les étoiles*.
— *Les nébuleuses*.
— *Les comètes*.
— *Le feu souterrain*.
— *Le télégraphe et le téléphone*.
— *Le beau et le mauvais temps*.
— *Les météores électriques et optiques*.
— *Les machines à vapeur à gaz*.
— *Les étoiles filantes*. 1 vol.
Lescure (De) : *Vie de Henri IV*.
Rambaud : *Histoire de la Révolution française* (1789-1799). 1 vol..
Varigny (H. de) : *Charles Darwin*. 1 vol.

PETITE BIBLIOTHÈQUE ILLUSTRÉE

(66 *volumes petit in-16 parus depuis* 1878)

Chaque volume : broché, 50 c. — (*La collection comprend* 81 *volumes*.)

Delahaye : *La cuisine des petits ménages*.
Delon : *Le sol : roches et minerais*.
Devic : *Petite physique*. 2 vol.

Friedberg : *Premiers secours aux blessés et aux malades*.
Menault (E.) : *Les engrais*.

Ringelmann (M.) : *Les machines agricoles.* Première série : Culture, ensemencement, récolte.

— Deuxième série : Préparation des récoltes.

Risler (Eug.) : *Physiologie et culture du blé.*

Saffray (Dʳ) : *Les moyens de vivre longtemps.*
— *La médecine à la maison.*
— *Histoire de la terre.*
— *Histoire de l'homme.*

Zeller (B.) et ses collaborateurs : *L'histoire de France racontée par les contemporains.* 53 vol. en vente.

COLLECTION DES GUIDES JOANNE

GRANDS GUIDES POUR LA FRANCE ET L'ÉTRANGER

22 VOLUMES IN-16

CARTONNÉS EN PERCALINE GAUFRÉE AVEC CARTES ET PLANS

FRANCE ET ALGÉRIE

Itinéraire général de la France, par *Ad.* et *P. Joanne.* 16 vol. qui se vendent séparément :

Paris. 1 vol.	7 fr. 50
Environs de Paris. 1 vol.	7 fr. 50
Franche-Comté et Jura. 1 vol.	7 fr. 50
Provence. 1 vol.	7 fr. 50
Corse. 1 vol.	5 fr.
Auvergne et Centre. 1 vol.	7 fr. 50
La Loire. 1 vol.	7 fr. 50
De la Loire à la Gironde. 1 v.	7 fr. 50
Pyrénées. 1 vol.	12 fr.
Gascogne et Languedoc. 1 v.	7 fr. 50
Cévennes. 1 vol.	7 fr. 50
Bretagne. 1 vol.	7 fr. 50

Normandie. 1 vol.	7 fr. 50
Nord. 1 vol.	9 fr.
Champagne et Ardennes. 1 v.	7 fr. 50
Vosges. 1 vol.	7 fr. 50
Guide du voyageur en France, par *Richard.* 1 vol.	15 fr.
De Paris à Constantinople, par M. *Rousset.* 1 vol.	15 fr.
États du Danube et des Balkans, par M. *L. Rousset,* 1ʳᵉ partie. 1 vol.	15 fr.
Grèce. 1ʳᵉ partie. Athènes et ses environs, par *M. Haussoullier.* 1 vol.	12 fr.
Malte, Égypte, Nubie, Abyssinie et Sinaï, par le Dʳ *Isambert* et *Ad. Chauvet.* 1 vol.	25 fr.
Syrie et Palestine, par *les mêmes.* 1 vol. et un atlas.	25 fr.

MONOGRAPHIES

30 VOLUMES IN-16

LES VOLUMES SONT BROCHÉS ET CONTIENNENT DES GRAVURES ET DES PLANS

1ʳᵉ SÉRIE, A 50 C. LE VOLUME

Angers. — Arles. — Avignon. — Blois. — Caen. — Cannes. — Chartres. — Gérardmer. — Iles anglaises. — Le Havre. — Le Mans. — Menton. —

Nancy. — Nantes. — Nice. — Nîmes. — Plombières. — Reims. — Rouen. — Saint-Malo. — Dinard. — Tours.

2ᵉ SÉRIE, A 1 FR. LE VOLUME

Arcachon. — Bordeaux. — Dieppe. — Lyon. — Marseille. — Trouville. La Haye, Scheveningue. — Vichy.

GUIDES ET CARTES

POUR LES VOYAGEURS, PAR DIVERS AUTEURS

I. GUIDES

Ammann : *Guide à travers l'exposition des habitations humaines.* 1 vol. 50 c.

Besson : *Évian-les-Bains*, guide du baigneur et du touriste. 1 v. in-16, br. 2 fr.

Debriges (E.) : *Les Alpes du Dauphiné.* Brochure petit in-8, avec 20 gravures. 75 c.

— *Le même*, en anglais. 75 c.

Thuillier : *Les vingt arrondissements de Paris.* 1 vol. 1 fr.

II. CARTES

Carte de France dressée sous la direction de M. *Vivien de Saint-Martin*, à l'échelle de 1/1250000. 1 feuille coloriée. 7 fr.

Carte des Pyrénées centrales, avec les grands massifs du versant espagnol, par *Fr. Schrader.* Les quatre premières feuilles sont en vente : chaque feuille, collée sur toile et cartonnée. 3 fr.

Carte d'ensemble des Pyrénées au 1/800000°, par *Fr. Schrader*, 1887. 1 feuille sur papier collée et cartonnée. 3 fr.

Carte de l'Algérie, dressée à l'échelle de 1/100000°, par le commandant *Niox.* 1 feuille. 2 fr.

Carte de la Syrie, dressée sous la direction de MM. *E. Rey* et *Chauvet*, par M. *Thuillier*, dessinateur-géographe. 2 feuilles collées sur toile, se vendant séparément. Chacune. 10 fr.

Nouvelle carte de France au 1/100000° dressée par le service vicinal par ordre du ministre de l'intérieur. 370 feuilles en vente. Chaque feuille. 75 c.

ÉDITIONS DE GRAND LUXE

ET PUBLICATIONS ILLUSTRÉES

I. — ÉDITIONS DE GRAND LUXE

About (Ed.) : *Tolla.* Un magnifique volume petit in-4, illustré du portrait de l'auteur d'après P. Baudry, de 10 gravures sur bois d'après les aquarelles de M. de Myrbach, et de 95 têtes de chapitre, lettrines et culs-de-lampe composés par Giraldon et tirés en 3 couleurs.

600 exemplaires brochés. Prix. 80 fr.

145 exempl. sur vélin blanc à la cuve, avec plusieurs suites des pl. hors texte, et une couv. en velours de Gênes. 120 fr.

145 exemplaires sur japon avec plusieurs suites des planches hors texte, et une couverture en velours de Gênes. 180 fr.

5 exempl. sur chine, avec plusieurs suites des planches hors texte, et une couverture en velours de Gênes. 300 fr.

10 exemplaires de choix sur japon avec plusieurs suites des planches hors texte, 1 aquarelle de M. de Myrbach, 3 dessins de M. Giraldon, et une couverture en velours de Gênes. 800 fr.

Boileau : *OEuvres poétiques*, avec une introduction et des notes par M. F. Brunetière, édition illustrée de 27 eaux-fortes, d'après Mme Madeleine Lemaire, MM. Bida, Bonnat, G. Boulanger, Cabanel, Chapu, Chevignard, Delort, Fr. Flameng, Français, Galland, Gérôme, Hédouin, Heilbuth, J.-P. Laurens, Le Blant, Lhermitte, Maignan, Merson, Vibert. 1 magnifique vol. in-4, broché. 125 fr.

Il a été tiré outre cette édition :

Un exemplaire unique sur peau de vélin. 4000 fr.

Nᵒˢ 1 à 25, exempl. sur japon, avec deux états des planches. 350 fr.

Nᵒˢ 26 à 125, exempl. sur japon. 300 fr.

Nᵒˢ 126 à 150, exempl. sur chine. 250 fr.

Nᵒˢ 151 à 200, exempl. sur vélin à la forme des papeteries du Marais et Sainte-Marie. 200 fr.

L'Histoire de Tobie, enrichie de 14 gr. compositions gravées à l'eau-forte d'après les dessins originaux de *Bida*, et de 42 têtes de chapitre, lettres ornées et culs-de-lampe, dessinés par Bida et gravés sur bois. 1 vol. in-fᵒ. 50 fr.

Le livre d'Esther, enrichi de 12 grandes compositions gravées à l'eau-forte, d'après les dessins originaux de *Bida*, de têtes de chapitre dessinées par Bida et de lettrines et culs-de-lampe dessinés par Poterlet. 1 vol. in-fᵒ. 50 fr.

Le Cantique des cantiques, traduit de l'hébreu par *E. Renan*, de l'Académie française, et accompagné de 19 eaux-fortes d'Hédouin et de Boilvin, d'après les dessins de *Bida*. 1 vol. in-fᵒ renfermé dans un carton. 100 fr.

Mistral (Fr.) : *Mireille*, poème provençal, traduction française de l'auteur, accompagnée du texte original. Édition contenant 25 eaux-fortes dessinées et gravées par Eugène Burnand, 53 dessins du même artiste, 12 encadrements en couleurs d'après les aquarelles de H. L. Palandre et 12 cartouches dessinés par H. Scott. 1 magnifique volume in-4 imprimé sur papier du Japon. 600 fr.

Le même ouvrage, contenant les 25 eaux-fortes et les 53 dessins d'Eugène Burnand. 1 vol. in-4 broché. 50 fr.

Thierry (A.) : *Récits des temps mérovingiens.* Sept fascicules in-fᵒ avec 42 dessins de Jean-Paul Laurens. 75 fr.

II. — PUBLICATIONS ILLUSTRÉES

VULGARISATION DES SCIENCES

Figuier (L.) : *Connais-toi toi-même.* 1 vol. in-8 avec 25 grandes gravures, 26 portraits et 115 figures techniques. 6 fr.

Flammarion (C.) : *L'atmosphère*, météorologie populaire. 1 vol. in-8, avec 17 pl. tirées en couleur, et 307 fig. dans le texte. 12 fr.

Guillemin (A.) : *Le monde physique.* 5 vol. in-8 avec 115 planches hors texte et plus de 2000 fig. insérées dans le texte. 125 fr.

GÉOGRAPHIE, VOYAGES

Amicis (E. de) : *Constantinople.* 1 vol. gr. in-8, avec 183 gravures. 15 fr.
— *Le Maroc.* 1 vol. in-4, avec 200 gr. 30 fr.
Blunt (Lady) : *Voyage en Arabie.* 1 vol. in-8, avec 60 gravures. 10 fr.
Charnay (D.) : *Les anciennes villes du Nouveau Monde.* 1 vol. in-4, avec 214 gravures et 19 cartes ou plans. 50 fr.
Crevaux (Dr) : *Voyage dans l'Amérique du Sud.* 1 vol. in-4, avec 253 gravures, 4 cartes et 6 fac-similés. 50 fr.
Dieulafoy (Mme Jane) : *La Perse, la Chaldée et la Susiane.* 1 vol. in-4, avec 336 gravures et 2 cartes. 50 fr.
— *A Suse, journal des fouilles.* 1 vol. in-4, avec 133 gravures. 30 fr.
Gallieni (Le colonel) : *Voyage au Soudan français* (1879-1881). 1 vol. grand in-8, avec 140 gr., 2 cartes et 15 plans. 15 fr.
Gourdault (J.) : *L'Italie.* 1 vol. in-4, avec 450 gravures. 50 fr.
— *La Suisse.* 2 v. in-4, avec 825 gr. 100 fr.
Grad (Charles) : *L'Alsace.* 1 vol. in-4, avec 386 gravures. 50 fr.
Greely (A.) : *Dans les glaces arctiques.* 1 vol. gr. in-8, avec 130 grav. et 4 cartes. 15 fr.
Kanitz : *La Bulgarie danubienne et le Balkan,* études de voyage (1860-1880). 1 vol. gr. in-8, avec 100 grav. et 1 carte. 25 fr.
Lemonnier (Camille) : *La Belgique.* 1 vol. in-4, avec 323 grav. sur bois et 1 carte, broché. 50 fr.
Lenz (Dr O.) : *Timbouctou.* Voyage au Maroc, au Sahara et au Soudan. 2 vol., avec 27 gravures et 1 carte. 15 fr.
Long (Le commandant de) : *Voyage de la Jeannette,* journal de l'expédition. 1 vol. in-8, avec 62 grav. et 10 cartes. 10 fr.
Lortet (Dr) : *La Syrie d'aujourd'hui.* 1 vol. in-4, avec 364 gravures. 50 fr.
Meissas (G.) : *Les grands voyageurs de notre siècle.* 1 vol. gr. in-8, avec 207 grav., 43 port. et 43 cartes itinér. Cart. 25 fr.
Nachtigal (Dr) : *Sahara et Soudan.* Tome Ier : *Tripolitaine, Fezzan, Tibesti, Kanem, Borkou et Bornou.* 1 vol. in-8, avec 99 grav. et 1 carte. 10 fr.

Nares (Le capitaine) : *Un voyage à la mer polaire* (1875 à 1876). 1 vol. in-8, avec 62 gravures et 2 cartes. 10 fr.
Nordenskiöld : *Voyage de la Vega autour de l'Asie et de l'Europe.* 2 vol. grand in-8, avec 293 gravures sur bois, 3 gravures sur acier et 18 cartes. 30 fr.
— *La seconde expédition suédoise au Grönland.* 1 vol. grand in-8, avec 139 grav. et 5 cartes hors texte, broché. 15 fr.
Piassetsky (P.) : *Voyage à travers la Mongolie et la Chine.* 1 vol. grand in-8, avec 90 gravures et 1 carte. 15 fr.
Prjévalski (C.) : *Mongolie et pays des Tangoutes.* 1 vol. in-8, avec 42 gravures et 4 cartes. 10 fr.
Reclus (É.) : *Nouvelle géographie universelle : la terre et les hommes.* Tomes IV à XIV. — 11 vol. grand in-8. Chaque volume 30 fr. sauf le tome X, 20 f. et le tome XII, 25 f.
Reclus (Onésime) : *La terre à vol d'oiseau.* 1 vol. grand in-8, avec 616 gravures et 10 cartes. 20 fr.
— *La France et ses colonies.* 2 vol. gr. in-8. Tome Ier : *En France.* 1 v. avec 250 gr. 13 f. Tome II. *Nos colonies,* en cours de publication.
Serpa Pinto (Le major) : *Comment j'ai traversé l'Afrique.* 2 vol. in-8, avec 160 gravures et 15 cartes. 20 fr.
Stanley : *A travers le continent mystérieux.* 2 volumes in-8, avec 150 gravures et 9 cartes. 20 fr.
Tour du Monde (Le), nouveau journal hebdomadaire de voyages, années 1878 à 1888. 11 vol. in-4, illustrés de nombreuses gravures et de cartes, chaque année, brochée. 25 fr.
Ujfalvy-Bourdon (Mme de) : *De Paris à Samarkand.* 1 vol. in-4, avec 273 gravures. 50 fr.
Wiener (C.) : *Pérou et Bolivie.* 1 vol. grand in-8, avec plus de 1100 gravures, 27 cartes et 18 plans. 25 fr.
Wyse (L.-N.-B.) : *Le canal de Panama.* 1 vol. grand in-8, avec 50 grav. et 1 carte. 20 fr.
Yriarte (C.) : *Les bords de l'Adriatique.* 1 vol. in-4, avec 257 gravures. 50 fr.

HISTOIRE, LITTÉRATURE ET OUVRAGES DIVERS

Bapst (Germain) : *Histoire des joyaux de la couronne de France*. 1 vol. grand in-8, avec 100 gravures, broché. 30 fr.

Blondel et **Mirabaud** : *Rodolphe Töpffer*. 1 vol. avec 25 photogravures. 30 fr.

Clément (F.) : *Histoire de la musique*. 1 vol. gr. in-8, avec 359 grav., 68 portraits. 15 f·

Dickens (Ch.) : *David Copperfield*. 1 vol, grand in-8, avec 70 grav., broché. 6 fr. 50

— *Nicolas Nickleby*. 1 vol. grand in-8, avec 59 gravures, broché. 6 fr. 50

Duplessis (G.) : *Histoire de la gravure*. 1 vol. grand in-8, avec 73 reproductions de gravures anciennes et 37 gravures en relief imprimées dans le texte. 25 fr.

Duruy (V.), de l'Académie française : *Histoire des Romains*. 7 vol. grand in-8, avec environ 3000 gravures en noir et en couleurs, dessinées d'après l'antique, et 100 cartes ou plans. 175 fr.

— *Histoire des Grecs*. 3 vol. grand in-8, avec environ 2300 gravures en noir et en couleurs, dessinées d'après l'antique, et avec cartes et plans. 75 fr.

Froissart (J.) : *Les chroniques*. Édition abrégée par Mme de Witt, née Guizot. 1 vol. grand in-8, avec 11 grandes planches en chromolithographie, 12 lettres et titres ornés imprimés en couleur, 2 cartes, 32 grandes compositions tirées en noir, et 252 grav. intercalées dans le texte. 32 fr.

Greenaway (Miss Kate) : *Le langage des fleurs*. 1 vol. in-8, avec de nombreuses planches en couleurs ou en noir. 5 fr.

Le Loyal Serviteur : *Histoire du gentil seigneur de Bayard*. 1 vol. grand in-8, avec 8 planches, 3 titres et 1 carte en couleurs, 1 portrait en photogravure, 33 grandes compositions et portraits tirés en noir, et 186 gravures. 32 fr.

Michelet (J.) : *Jeanne d'Arc* (1412-1422). 1 vol. in-8, avec 10 eaux-fortes d'après les dessins de Bida. 20 fr.

Müntz (E.) : *Raphaël, sa vie, son œuvre et son temps*. 1 vol. grand in-8, avec 51 planches tirées à part et 244 reproductions de tableaux ou fac-similés de dessins insérés dans le texte. 25 fr.

— *Histoire de l'art pendant la Renaissance*. 5 vol. En vente : Tome Iᵉʳ : *Italie, les Primitifs*. 1 vol. gr. in-8, avec 514 gravures dans le texte, et 35 pl. hors texte. 30 fr.

Perrot, de l'Institut, et **Chipiez** : *Histoire de l'art dans l'antiquité*. Égypte, Assyrie, Perse, Grèce, Étrurie, Rome. 5 volumes grand in-8, avec gravures en noir et en couleurs. En vente les 4 premiers vol. Chaque volume. 30 fr.

Riffard (L.) : *Contes et apologues*. 1 volume in-8, avec 1 eau-forte et 140 gravures d'après Félix et Frédéric Régamey. 12 fr.

Schliemann (H.) : *Mycènes*. 1 volume grand in-8, avec 549 gravures et 8 cartes et plans. 25 fr.

Witt (Mme de), née Guizot : *Les chroniqueurs de l'histoire de France*. 3 vol. illustrés de nombreuses gravures en noir et en couleurs. Chaque volume. 32 fr.

OUVRAGES ET ALBUMS POUR L'ENFANCE ET LA JEUNESSE

ALBUMS ET OUVRAGES DIVERS

Albert-Lévy : *Cent récits de science pittoresque*. 1 vol. in-4, avec 100 gravures, cart. 4 fr.

Caldecott (R.) : *Nouvelles scènes humoristiques*. Album gr. in-4 oblong, avec planches en couleurs. 8 fr.

— *Dernières scènes humoristiques*. Album gr. in-4, oblong, avec pl. en coul. 8 fr.

Delon (C.) : *Cent récits d'histoire naturelle*. 1 vol. in-4, avec 150 gravures. 4 fr.

— *A travers nos campagnes*. 1 vol. in-4, avec gravures. 4 fr.

Delon (Suite) : *Cent tableaux de géographie pittoresque*. 1 v. in-4, avec 234 gr. 4 fr.

Ducoudray : *Cent récits d'histoire contemporaine*. 1 vol. in-4, avec 100 grav. 4 fr.

France (Anatole) : *Nos enfants*. Scènes de la ville et des champs. 1 vol. in-4, avec 36 gravures en noir et 24 pl. en coul. 10 fr.

Girardin (J.) : *Nous deux*. 1 vol. in-4, avec gravures en couleurs. 8 fr.

Greenaway (Miss Kate) : *Pour les enfants sages*. 1 vol. petit in-4, avec gravures en couleurs. 8 fr.

Greenaway (K.) (Suite) : *Le petit livre des souvenirs.* 1 vol. petit in-32, avec pl. en couleurs et 378 dessins.   4 fr.
— *Scènes familières.* 1 vol. in-16, avec 88 planches en couleurs.   5 fr.
— *La lanterne magique.* 1 vol. in-4, avec plus de 100 gravures en couleurs.   8 fr.
— *Histoire d'une tourte aux pommes*, avec grav. en couleurs. 1 v. in-4, oblong. 4 fr.
— *Poèmes enfantins.* 1 vol. in-8, avec gravures.   6 fr.
— *L'homme à la flûte.* 1 vol. in-8, avec gravures en couleurs.   8 fr.
Journal de la Jeunesse (Le). Nouveau recueil hebdomadaire illlustré, pour les enfants de 10 à 15 ans. Années 1878 à 1888, 22 v. grand in-8 illustrés. Chaque année brochée en 2 volumes.   20 fr.
Mon Journal. Nouveau recueil mensuel pour les enfants de cinq à dix ans, illustré de nombreuses gravures. 1881-1888, 8 années. Chaque année, brochée.   2 fr.
Quatrelles : *La diligence de Ploërmel.* 1 vol. in-4, avec 8 planches en couleurs et des gravures en noir.   4 fr.
— *La dame de Gai-Fredon.* 1 vol. in-4, avec 8 planches en couleurs et 70 gravures en noir d'après E. Courboin.   5 fr.
— *Colin-Tampon.* 1 vol. in-4, avec 8 planches en couleurs et 50 grav. en noir. 5 fr.

NOUVELLE COLLECTION POUR LA JEUNESSE

1re SÉRIE, 8 VOLUMES IN-8 JÉSUS AVEC GRAVURES

Prix du volume : broché, 7 fr.; cartonné, tranches dorées, 10 francs.

About (Ed.) : *Le roman d'un brave homme.* 1 vol. avec 52 compositions.
— *L'homme à l'oreille cassée.* 1 vol. avec 61 compositions.
Deslys (Charles) : *L'héritage de Charlemagne.* 1 vol. avec 129 gravures.
Dillaye (Fr.) : *Les jeux de la jeunesse.* 1 vol. avec 203 gravures.

Ducamp (Maxime), de l'Académie française : *La vertu en France.* 45 gravures.
Krafft (H.) : *Souvenirs de notre tour du monde.* 1 vol. avec 24 phototypies et 5 cartes.
Rousselet (L.) : *Nos grandes écoles militaires et civiles.* 1 vol. avec 169 gravures.
Witt (Mme de, née Guizot) : *Les femmes dans l'histoire.* 1 vol. avec 80 gravures.

2e SÉRIE, 59 VOLUMES IN-8 RAISIN AVEC GRAVURES

Prix du volume : broché, 4 fr.; cartonné, tranches dorées, 6 francs.

(La collection comprend 83 volumes.)

Assollant (A.) : *Pendragon.* 1 vol. avec 42 gravures.
Blandy (Mme S.) : *Rouzétou.* 1 vol. avec 112 gravures.
Cahun (L.) : *Les pilotes d'Ango.* 1 vol. avec 45 gravures.
— *Les mercenaires.* 1 vol avec 54 gravures.
Cheron de la Bruyère (Mme) : *La tante Derbier.* 1 vol. avec 44 gravures.
Colomb (Mme J.) : *L'héritière de Vauclain.* 1 vol. avec 104 gravures.
— *Franchise.* 1 vol. avec 113 gravures
— *Feu de paille.* 1 vol. avec 98 gravures.
— *Les étapes de Madeleine.* 1 vol. avec 105 gravures.
— *Denis le tyran.* 1 vol. avec 115 gravures.

Colomb (Mme J.) (Suite) : *Pour la muse.* 1 vol. avec 105 gravures.
— *Pour la patrie.* 1 vol. avec 102 gravures.
— *Hervé Plémeur.* 1 vol. avec 112 gravures.
— *Jean l'innocent.* 1 vol. avec 112 gravures.
— *Danielle.* 1 vol. avec 112 gravures.
— *Les révoltes de Sylvie.* 1 v. avec 112 gravures.
Cortambert et Deslys : *Le pays du soleil.* 1 vol. avec 35 gravures.
Daudet (E.) : *Robert Darnetal.* 1 vol. avec 81 gravures.
Demoulin (Mme) : *Les animaux étranges.* 1 vol. avec 172 gravures.

Deslys (Charles) : *L'ami François*. 1 vol avec 35 gravures.
— *Nos Alpes*. 1 vol. avec 30 gravures.
— *La mère aux chats*. 1 vol. avec 50 gravures.
Dillaye (Fr.) : *La filleule de saint Louis*. 1 vol. avec 39 gravures.
Énault (L.) : *Le chien du capitaine*. 1 vol. avec 43 gravures.
Erwin (Mme E. d') : *Heur et malheur*. 1 vol. avec 50 gravures.
Fleuriot (Mlle Z.) : *Grand cœur*. 1 vol. avec 45 gravures.
— *Raoul Daubry*, chef de famille. 1 vol. avec 32 gravures.
— *Mandarine*. 1 vol. avec 96 gravures.
— *Cadok*. 1 vol. avec 24 gravures.
— *Caline*. 1 vol. avec 102 gravures.
— *Feu et flamme*. 1 vol. avec 70 gravures.
— *Le clan des têtes chaudes*. 1 vol. avec 65 gravures.
— *Au Galadoc*. 1 vol. avec 66 gravures.
— *Les premières pages*. 1 vol. avec 75 gravures.
Girardin : *Grand-père*. 1 vol. avec 91 gravures.
— *Maman*. 1 vol. avec 112 gravures.
— *Le roman d'un cancre*. 1 vol. avec 119 gravures.
— *Les millions de la tante Zézé*. 1 vol. avec 112 gravures.
— *La famille Gaudry*. 1 vol. avec 112 gravures.
— *Histoire d'un Berrichon*. 1 vol. avec 112 gravures.

Girardin (suite) : *Le capitaine Bassinoire*. 1 vol. avec 119 gravures.
— *Le fils Valansé*. 1 vol. avec 112 gravures.
— *Second violon*. 1 vol. avec 112 gravures.
Giron (Aimé) : *Les trois rois mages*. 1 vol. avec 60 gravures.
Gouraud (Mlle J.) : *Cousine Marie*. 1 vol. avec 36 gravures.
Nanteuil (Mme de) : *Capitaine*. 1 vol. avec 76 gravures.
— *Le général Du Maine*. 1 vol. avec 70 gravures.
Rousselet (L.) : *Le charmeur de serpents*. 1 vol. avec 68 gravures.
— *Les deux mousses*. 1 vol. avec 90 gravures.
— *Le fils du connétable*. 1 vol. avec 113 gravures.
— *Le tambour du Royal-Auvergne*. 1 vol. avec 115 gravures.
— *La peau du tigre*. 1 vol. avec 102 gravures.
Tissot et Améro : *Aventures de trois fugitifs en Sibérie*. 1 vol. avec 72 gravures.
Witt (Mme de), née Guizot : *Lutin et démon*. 1 vol. avec 56 gravures.
— *Normands et Normandes*. 1 vol. avec 70 gravures.
— *Un jardin suspendu*. 1 vol. avec 39 gravures.
— *Notre-Dame Guesclin*. 1 vol. avec 70 gravures.
— *Une patriote au XIVᵉ siècle*. 1 vol. avec 54 gravures.
— *Un nid*. 1 vol. avec 63 gravures.

BIBLIOTHÈQUE DES PETITS ENFANTS DE 4 A 8 ANS

31 VOLUMES IN-16, ILLUSTRÉS DE NOMBREUSES GRAVURES

Prix de chaque volume broché, 2 fr. 25.

Chéron de la Bruyère (Mme) : *Contes à Pépée*.
— *Plaisirs et aventures*.
— *La perruque du grand-père*.
— *Les enfants de Boisfleuri*.
— *Les vacances à Trouville*.
Colomb (Mme) : *Les infortunes de Chouchou*.
Desgranges (G.) : *Le chemin du collège*.
Duporteau (Mme) : *Petits récits*.
Erwin (Mme d') : *Un été à la campagne*.
Favre (P.) : *L'épreuve de Georges*.
Frank (Mme) : *Causeries d'une grand'mère*.
Fresneau (Mme), née Ségur : *Une année du petit Joseph*.

Girardin (J.) : *Quand j'étais un petit garçon*.
— *Dans notre classe*.
Le Roy (Mme) : *L'aventure du petit Paul*.
Molesworth (Mrs.) : *Les aventures de M. Baby*.
Pape-Carpantier (Mme) : *Nouvelles histoires et leçons de choses*.
Surville : *Les grandes vacances*.
— *Les amis de Berthe*.
— *La petite Givonnette*.
— *Fleur des champs*.
— *La vieille maison de grand-papa*.

Witt (Mme de), née Guizot : *Histoire de deux petits frères.*
— *Sur la plage.*
— *Par monts et par vaux.*
— *Vieux amis.*

Witt (Mme de) (Suite) : *En pleins champs.*
— *Petite.*
— *A la montagne.*
— *Deux tout petits.*
— *Au-dessus du lac.*

BIBLIOTHÈQUE ROSE ILLUSTRÉE

POUR LES ENFANTS ET LES ADOLESCENTS

68 *volumes in-16 parus depuis* 1878

Prix de chaque volume, contenant de nombreuses gravures, broché, 2 fr. 25.
(*La collection comprend* 232 *volumes.*)

Alcott (Miss) : *Sous les lilas.*
Berthet : *La petite Chailloux.*
Carpentier (Mlle) : *La maison du bon Dieu.*
— *Sauvons-le !*
— *Le secret du docteur* ou la maison fermée.
— *La tour du preux.*
— *Pierre le tors.*
Cazin (Mme) : *Les petits montagnards.*
— *Un drame dans la montagne.*
— *Histoire d'un pauvre petit.*
— *L'enfant des Alpes.*
— *Perlette.*
— *Les saltimbanques.*
— *Le petit chevrier.*
Deslys : *Grand'maman.*
Fath : *Bernard, la gloire de son village.*
Fleuriot (Mlle Z.) : *Tranquille et Tourbillon.*
— *Cadette.*
— *Bouche-en-Cœur.*
— *Gildas l'Intraitable.*
— *Parisiens et montagnards.*
Fonvielle (W. de) : *Néridah.* 2 vol.
Fresneau (Mme), née Ségur : *Comme les grands !*
— *Thérèse à Saint-Domingue.*
Girardin : *La disparition du grand Krause.*
Giron : *Ces pauvres petits !*
Gouraud (Mlle J.) : *Aller et retour.*
— *Les petits voisins.*
— *Chez grand'mère.*
— *Le petit bonhomme.*
— *Le vieux château.*
— *Pierrot.*
— *Minette.*
— *Quand je serai grande.*
Livingstone : *Dernier journal.*

Marcel (Mme) : *Histoire d'une grand'mère et de son petit-fils.*
— *Daniel.*
— *Le frère et la sœur.*
— *Un bon gros pataud.*
Maréchal (Mlle) : *La maison modèle.*
Martignat (Mlle de) : *Les vacances d'Élisabeth.*
— *L'oncle Boni.*
— *Ginette.*
— *Le manoir d'Yolan.*
— *Le pupille du général.*
— *L'héritière de Maurivèze.*
— *Une vaillante enfant.*
— *Une petite nièce d'Amérique.*
— *La petite fille du vieux Thémi.*
Mayne-Reid : *La chasse au Léviathan.*
— *Les naufragés de la Calypso.*
Ouida : *Le petit comte.*
Pitray (Mme de) : *Le fils du maquignon.*
— *Petit Monstre et Poule Mouillée.*
— *Robin des bois.*
Rostopchine (Mme de) : *Belle, Sage et Bonne.*
Stolz (Mme de) : *Le secret de Laurent.*
— *Les deux reines.*
— *Les mésaventures de Mlle Thérèse.*
— *Les frères de lait.*
— *Magali.*
— *La maison blanche.*
— *Les deux André.*
— *Deux tantes.*
— *Violence et bonté.*
— *L'embarras du choix.*
Witt (Mme de), née Guizot : *En quarantaine*

BIBLIOTHÈQUE DES MERVEILLES

PUBLIÉE SOUS LA DIRECTION DE M. ÉDOUARD CHARTON

MEMBRE DE L'INSTITUT

47 *volumes in-16 parus depuis* 1878.

Prix de chaque volume, illustré de nombreuses gravures, broché, 2 fr. 25.

(*La collection comprend* 124 *volumes.*)

André : *Les fourmis.*
Augé de Lassus : *Voyage aux sept merveilles du monde.*
— *Les tombeaux.*
— *Les spectacles antiques.*
Bouant : *Les grands froids.*
— *Les merveilles du feu.*
Bouchot : *Callot.*
Brévans (De) : *La migration des oiseaux.*
Capus : *L'œuf chez les plantes et chez les animaux.*
Colomb : *La musique.*
Deleveau : *La matière et ses transformations.*
Demoulin : *Les paquebots à grande vitesse.*
Du Moncel : *Le téléphone.*
— *Le microphone, le radiophone et le phonographe.*
— *L'éclairage électrique,* Iʳᵉ *partie* : *Générateurs de lumière.*
— *L'éclairage électrique,* IIᵉ *partie* : *Appareils de lumière.*
Du Moncel et Géraldy : *L'électricité comme force motrice.*
Fonvielle (W. de) : *Le monde des atomes.*
— *Le pétrole.*
— *Le pôle sud.*
Garnier (E.) : *Les nains et les géants.*
Gazeau : *Les bouffons.*

Graffigny (De) : *Les moteurs anciens et modernes.*
Hanotaux : *Les villes retrouvées.*
Hennebert (Le lieutenant-colonel) : *Les torpilles.*
— *L'artillerie.*
Jacottet : *Les grands fleuves.*
Lacombe : *Le patriotisme.*
Laffitte : *La parole.*
Landrin : *Les inondations.*
Lefebvre : *Le sel.*
Lesbazeilles : *Les colosses anciens et modernes.*
Maindron : *Les papillons.*
Menant : *Ninive et Babylone.*
Meunier (Mme S.) : *L'écorce terrestre.*
— *Les sources.*
Narjoux : *Histoire d'un pont.*
Perez : *Les abeilles.*
Petit : *Les sièges célèbres.*
— *Les grands incendies.*
— *Le courage civique.*
Portal de Graffigny : *Les merveilles de l'horlogerie.*
Roy : *L'an mille.*
Ternant : *Les télégraphes.* 2 vol.
Tissandier (G.) : *La navigation aérienne.*
Zurcher et Margollé : *L'énergie morale.*
Beaux exemples.

BIBLIOTHÈQUE DES ÉCOLES ET DES FAMILLES

308 VOLUMES, ILLUSTRÉS DE NOMBREUSES GRAVURES

SÉRIE POUR PRIX D'HONNEUR (CRÉÉE EN 1889)

FORMAT TRÈS GRAND IN-8 (29 × 20)

ILLUSTRÉE DE GRAVURES EN NOIR ET DE NOMBREUSES PLANCHES EN COULEURS, TIRÉES HORS TEXTE

Broché, couverture or et couleurs. . . . . 4 fr. 50
Cartonnage fort, genre maroquin, plats dorés, tranches jaspées. 5 fr. 50
Cartonnage percaline, plats et tranches dorés . . . . 6 fr. 50
Genre demi-reliure, tranches dorées. . . . . 7 fr. »

Demoulin (Mme) : *Français illustres.*
— *Françaises illustres.*

Witt (Mme de), née Guizot : *La France à travers les siècles.*

PREMIÈRE SÉRIE, VOLUMES GRAND IN-8 (28 × 18)

```
Broché. . . . . . . . . . . . . . . . . . . . . . . . . . .    3 fr.  »
Cartonnage souple, genre maroquin, plats dorés, tranches jaspées.   3 fr.  40
Cartonnage percaline gaufrée, tranches jaspées. . . . . . . . . .   4 fr.  20
Cartonnage percaline gaufrée, tranches dorées. . . . . . . . . .    4 fr.  60
Genre demi-reliure, tranches dorées. . . . . . . . . . . . . . .    5 fr.  »
```

Beecher-Stowe (Mme) : *La case de l'oncle Tom.*

Guillemin : *La terre et le ciel.*

Lefebvre : *Goutte de pluie et flocons de neige.*

Monnier : *Notre belle France.*

Pouchet : *Histoire pittoresque des animaux.*

Walter Scott : *Quentin Durward.*

— *Ivanhoé.*

Witt (Mme de), née Guizot : *Vieilles histoires de la patrie.*

— *Histoire de l'ancien temps.*

DEUXIÈME SÉRIE, VOLUMES IN-8 (25 × 17)

```
Broché. . . . . . . . . . . . . . . . . . . . . . . . . . .    2 fr.  60
Cartonnage souple, genre maroquin, plats dorés, tranches jaspées.   2 fr.  90
Cartonnage fort, genre maroquin, plats dorés, tranches jaspées. .   3 fr.  10
Cartonnage percaline gaufrée, tranches jaspées. . . . . . . . . .   3 fr.  40
Cartonnage percaline gaufrée, tranches dorées. . . . . . . . . .    3 fr.  80
Genre demi-reliure, tranches dorées . . . . . . . . . . . . . .    4 fr.  50
```

About (Ed.) : *Le roi des montagnes.*

— *Nouvelles et souvenirs.*

Albert-Lévy : *Le pays des étoiles.*

Baker : *L'enfant du naufrage.*

Blandy : *Mon ami et moi.*

Boileau : *OEuvres choisies.*

Cervantès : *Don Quichotte de la Manche.*

Colomb : *Habitations et édifices.*

Cooper : *Le dernier des Mohicans.*

Corneille : *OEuvres choisies.*

Cortambert (R.) : *Mœurs et caractères des peuples.*

Demoulin (Mme) : *Les gens de bien.*

— *Les maisons des bêtes.*

Dickens : *David Copperfield.*

— *Aventures de M. Picwick.*

— *Nicolas Nickleby.*

— *Dombey et fils.*

— *Le magasin d'antiquités.*

Dufferin : *Lettres écrites des régions polaires.*

Duruy (Mme V.) : *Récits d'histoire romaine.*

Fénelon : *OEuvres choisies.*

Gaffarel : *Les campagnes de la première République.*

Gaffarel (Suite) : *Les campagnes du Consulat.*

Girardin : *Le locataire des demoiselles Rocher.*

— *Les épreuves d'Etienne.*

Gourdault : *La Suisse pittoresque.*

— *L'Italie pittoresque.*

— *Rome et la Campagne romaine.*

— *Venise et la Vénétie.*

— *Florence et la Toscane.*

Hayes : *Perdus dans les glaces.*

Hentey : *Les jeunes francs-tireurs.*

Homère : *L'Iliade et l'Odyssée.*

Kingston : *Une croisière autour du monde.*

Legrand : *Fléaux et catastrophes.*

Marmier (X) : *Le succès par la persévérance.*

Molière : *OEuvres choisies.*

Paulian : *La hotte du chiffonnier.*

Perrier : *Les explorations sous-marines.*

Petit : *La mer et la marine.*

Saint-Paul : *Histoire monumentale de la France.*

Stanley : *La terre de servitude.*

Virgile : *OEuvres choisies.*

Wyss : *Le Robinson suisse.*

TROISIÈME SÉRIE, VOLUMES IN-8 (25 × 17)

Broché. . . . . 2 fr. »
Cartonnage souple, genre maroquin, plats et dos dorés. . . . . . . 2 fr. 30
Cartonnage fort, genre maroquin, tranches jaspées. . . . . 2 fr. 60
Cartonnage percaline gaufrée, tranches dorées . . . . 3 fr. »

Albert-Lévy : *Causeries.*
Auerbach : *La fille aux pieds nus.*
Cazin (Mme) : *La roche maudite.*
Colomb (Mme) : *Histoires de tous les jours.*
Dhormoys (P.) : *Souvenirs d'un vieux chasseur.*
Girardin : *Les remords du docteur Ernster.*
— *Fausse route.*

Girardin (Suite) : *Les certificats de François.*
Le Sage : *Le diable boiteux,* édition abrégée, suivie d'extraits de *Gil Blas de Santillane.*
Tom Brown, scènes de la vie de collège en Angleterre, imité de l'anglais par Girardin.
Paulian (L.) : *La poste aux lettres.*

QUATRIÈME SÉRIE, VOLUMES IN-8 (23 × 14)

Broché. . . . . 1 fr. 20
Cartonnage fort, genre maroquin, tranches jaspées. . . . . 1 fr. 50
Cartonnage fort, genre maroquin, tranches dorées . . . . 1 fr. 90

Albert-Lévy : *Nos vraies conquêtes.*
— *Curiosités scientifiques.*
Baker : *Exploration du haut Nil.*
— *L'Afrique équatoriale.*
Baldwin : *Récits de chasses dans l'Afrique centrale.*
Carla Maria : *Un royal aventurier dans l'Asie centrale.*
Cerfberr de Medelsheim : *Histoire d'un village.*
Clément (F.) : *Les grands musiciens.*
Colomb (Mme) : *Simples récits.*
— *Histoires et proverbes.*
Cummins (Miss) : *L'allumeur de réverbères.*
Delon : *Histoire d'un livre.*
— *Promenade dans les nuages.*
Demoulin (Mme) : *La pluie et le beau temps.*
— *Les cinq sens.*
— *Les jouets d'enfants.*
— *Une école où l'on s'amuse.*
Erwin (Mme d') : *Jeunes et vieux.*
— *Histoire d'un tableau.*
Figuier : *Scènes et tableaux de la nature.*
Gérard (A.) : *L'enfant du 26°.*
Girardin (J.) : *Petits contes alsaciens.*
— *Les gens de bonne volonté.*
— *La nièce du capitaine.*
— *Récits de la vie réelle.*
— *Bonnes bêtes et bonnes gens.*
— *La vie de ce monde.*
Giron : *Histoire d'une ferme.*
Hall : *Deux ans chez les Esquimaux.*

Hayes : *L'océan Arctique.*
Hément (F.) : *Les infiniment petits.*
Houdetot (Mme de) : *Nouveau théâtre d'éducation.*
Irving (W.) : *Vie et voyages de Christophe Colomb.*
— *Voyages et découvertes des campagnes de Christophe Colomb.*
Jamin : *Quelques phénomènes atmosphériques.*
La Fontaine : *Choix de fables.*
Lefebvre : *Les aliments.*
Lehugeur (P.) : *Histoire de l'armée française.*
Lesbazeilles : *Tableaux et scènes de la vie des animaux.*
Livingstone : *Voyage d'exploration au Zambèze et dans l'Afrique centrale* (1849-1873).
Meunier : *La planète que nous habitons.*
Meunier (Mme) : *Le monde animal.*
— *Le monde végétal.*
— *Le monde minéral.*
Moireau : *La marine française sous Louis XVI.*
Muller : *Les apôtres de l'agriculture.*
Mussat (Mme) : *Autrefois et aujourd'hui.*
— *Le château de la grand'tante.*
Payer : *La Terre de François-Joseph et la mer de la Nouvelle-Zemble.*
Poiré : *Six semaines de vacances.*
Rousselet : *Les royaumes de l'Inde.*
Sévigné (Mme de) : *Choix de lettres.*
Talbert : *Les Alpes.*
Theuriet (A.) : *Les enchantements de la forêt.*
Thomson : *L'Indo-Chine et la Chine.*
Tissandier (G.) : *Causeries sur la science.*

Vambery : *Voyages d'un faux derviche dans l'Asie centrale.*
Vast : *Le tour du monde il y a quatre siècles (Vasco de Gama et Magellan).*
Vattemare : *L'Amérique septentrionale et les Peaux-Rouges.*
Vèze (De) : *La fille du braconnier.*

Vidal-Lablache : *Marco Polo, son tem ses voyages.*
Villetard : *Le Japon.*
Wallace : *La Malaisie.*
Whymper (F.) : *Voyages et aventures la Colombie anglaise.*

CINQUIÈME SÉRIE, VOLUMES IN-8 (22 × 13)

Cartonnage léger, or et couleurs. . . . . » 95
Cartonnage fort, genre maroquin, plats dorés, tranches jaspées. . 1 fr. 20
Cartonnage fort, genre maroquin, plats dorés. . . . . 1 fr. 50

Albert-Lévy : *Les nouveautés de la science.*
Armagnac (L.) : *Quinze jours de campagne.*
Bonnechose (De) : *Montcalm et le Canada français.* Ouvrage couronné par l'Académie française.
Camus (L.) : *Au collège.*
Colomb (Mme J.) : *Contes vrais.*
— *Contes pour les enfants.*
— *Petites nouvelles.*
— *L'ours de neige.*
— *Pieter Vandael.*
Corréard : *Vercingétorix.*
Deschanel (E.) : *Benjamin Franklin.*

Dickens (C.) : *Chant de Noël.*
Duruy (A.) : *Hoche et Marceau.*
Duruy (G.) : *Histoire de Turenne.*
— *Pour la France.*
Girardin (J.) : *Contes sans malice.*
— *Fillettes et garçons.*
— *Chacun son idée.*
— *Têtes sages et têtes folles.*
— *Un peu partout.*
Langlois (Mme H.) : *Au collège.*
Mélandri : *Grain de poudre.*
Moulin : *En campagne.*
Passy (F.) : *Le Petit Poucet du XIXᵉ si*

SIXIÈME SÉRIE, VOLUMES IN-8 (21 × 13)

Cartonnage léger, or et couleurs . . . . 70 c.
Cartonnage fort, genre maroquin, plats dorés, tranches jaspées. . . 80 c.

Bertalisse : *Mes souvenirs.*
Berton Samson (Mme) : *Les jumelles de Florence.*
Colomb (Mme J.) : *Une nichée de pinsons.*
— *Le pauvre François.*
Defodon (Ch.) : *De-ci, de-là.*
Delon (Ch.) : *Le moulin de Trompe-Souris.*
Demoulin (Mme G.) : *Un paquet de chiffons.*
— *Bons esprits et bons cœurs.*
— *Le rancho de Frank.*

Fleuriot Kérinou : *Graine de mousse.*
Girardin (J.) : *Tout chemin mène-t-il à Ro*
— *Le fils de l'éclusier.*
Guyon (J.) : *Histoire d'un annexé.*
Lefebvre (E.) : *Histoire d'une assiette.*
— *Histoire d'une bouteille.*
Petit (Maxime) : *Les amis de l'humanité*
Schiffer (Ch.) : *Contes du temps passé.*
Tissandier (G.) : *Voyage dans les airs*

SEPTIÈME SÉRIE, VOLUMES IN-16 (19 × 12)

Cartonnage fort, genre maroquin, plats dorés, tranches jaspées . . 1 fr. »
Cartonnage fort, genre maroquin, plats et tranches dorées. . . . . 1 fr. 25

Albert-Lévy : *La légende des mois.*
Aubigné (D') : *Vie de Kléber.*
— *Histoire de Bayard.*

Colomb (C.): *Histoires tirées d'Hérodote* (1ʳ
— *Histoires tirées d'Hérodote* (2ᵉ série).
— *Histoires tirées d'Hérodote* (3ᵉ série).

Colomb (Suite) : *Ici et là.*
Daniel-Lévy : *Le docteur Pétrus*, notions d'hygiène.
ebidour : *Histoire de Du Guesclin.*
esprez : *Le maréchal Ney.*
Les guerres de la Vendée.
uruy (G.) : *Biographies d'hommes célèbres.*
ilon (A.) : *Nos grands-pères.*
irardin (J.) : *Récits et menus propos.*
anglois : *Saint Louis.*

Lavisse : *Sully.*
Luchaire : *Philippe Auguste.*
Ménault (E.) : *Suger.*
Muller : *Ambroise Paré.*
Prescott : *Conquête du Mexique.*
Simon (Jules) : *Le livre du petit citoyen.*
Zeller (B.) : *Richelieu.*
— *Henri IV.*
Zeller (J.) : *François Iᵉʳ.*
— *Louis XI.*

HUITIÈME SÉRIE, VOLUMES IN-16 (19 × 12)

CHAQUE VOLUME CONTIENT EN PLUS DES GRAVURES EN NOIR 4 PLANCHES EN COULEURS

Cartonnage léger, or et couleurs . . . . 40 c.
Cartonnage fort, or et couleurs . . . . 45 c.
Cartonnage fort, geure maroquin, plats dorés, tranches rouges. 60 c.

hamisso : *Peter Schlemihl*, ou l'homme qui a perdu son ombre, édition abrégée.
olomb (Mme J.) : *Contes aux enfant ssages.*
Contes de vacances.
ickens (C.) : *La bataille de la vie.*
oe (Daniel de) : *Robinson Crusoé.*
alland (D'après) : *Noureddin Ali*, conte arabe.
irardin (J.) : *Contes à Pierrot.*

Girardin (Suite) : *Contes à Jeannot.*
— *Les aventures de Colin-Tampon.*
— *Le brin de fil.*
Lefebvre : *Promenades dans les bois.*
Levoisin (J.) : *Les aventures du baron de Crac.*
Masson (J.) : *Histoires de bêtes qui ne le sont pas.*
— *Gargantua* (Histoire de).
Swift : *Gulliver.*

NEUVIÈME SÉRIE, VOLUMES PETIT IN-16 (16 × 10)

Cartonnage imitation de toile, tranches jaspées. . . . . 75 c.

lbert-Lévy : *Le cheval de feu.*
lessel : *Les voyages d'un rat.*
olomb (Mme J.) : *Le sansonnet de madame Duysens.*
elon : *La maison flottante.*
emoulin (Mme G.) : *Les richesses minérales.*
L'eau liquide et l'eau solide.
Le chaud et le froid.
Les bêtes de mon jardin.
Les bêtes de nos maisons.

Demoulin (Suite) : *Les bêtes de mon étang.*
Dillaye : *Lignes et filets.*
Erwin (Mme d') : *Les trois oranges.*
Langlois (Mme) : *Marchand de balais !*
Lefebvre : *Un grain de sel.*
— *Un morceau de sucre.*
Muller : *Les voyages de la pensée.*
— *Quelle heure est-il ?*
Norval : *La table de grand-père.*
Vincent (P.) : *A bâtons rompus.*

DIXIÈME SÉRIE (CRÉÉE EN 1889), FORMAT IN-16 (19 × 12)

ILLUSTRÉE DE NOMBREUSES GRAVURES EN NOIR

CHAQUE VOLUME CONTIENT, EN OUTRE, 4 PLANCHES EN COULEURS

Cartonnage fort, or et couleurs, tranches jaspées, 35 c.

elon (Ch.) : *Historiettes.*
irardin (J.) : *Un drôle d'oiseau.*
La vocation de Paul Violet.
Mon oncle et moi.

Kergomard (Mme de) : *Une brouille de peu de durée.*
Masson (J.) : *Le rêve de Noël.*
Souriau (P.) : *Les mauvais conseils.*

ONZIÈME SÉRIE, VOLUMES IN-18 (15 × 9)

Cartonnage couverture coloriée. . . . .   20 c.
Trois ouvrages réunis en un volume cartonné en papier
  gaufré, imitation de toile. . . . .   60 c.

1° CONTES POUR LES TOUT PETITS

Colomb (C.) : *Le caniche blanc.*
— *Sous les toits.*
Colomb (Mme J.) : *Entre oiseaux.*
— *La famille de Friquet.*
— *Aventures de Trotino.*
— *Le prix de Gisèle.*
— *La trouvaille de Jeannette.*
— *Les cinq ans de Frédéric.*
— *Sous les toits.*
Defodon (C.) : *Claude le Lourdaud.*
— *Une lettre de Jean Paul.*
— *Regardez, mais n'y touchez pas.*
Delon : *Idylles enfantines.*
— *Historiettes.*
— *Nouvelles enfantines.*
Girardin (J.) : *La vocation de Paul Violet.*

Girardin (Suite) : *Mon oncle et moi.*
— *Le rêve de Françoise.*
— *Comme Don Quichotte.*
— *Paulette.*
— *J'aime mieux retourner à l'école.*
Greene : *La jaquette déchirée.*
Kergomard (Mme P.) : *Une brouille de peu
  de durée.*
Masson (J.) : *Aventures de l'ânon Baudinet.*
— *Le rêve de Noël.*
— *Une vengeance de Jeannot Lapin.*
Souriau (P.) : *Les exploits de Jean Bart.* —
  L'arbalète.
— *La mouche.* — *L'oiseau bleu.*
— *Les deux brigands.*
— *Les mauvais conseils.*

2° BIOGRAPHIES D'HOMMES CÉLÈBRES

Alexandre le Grand.
Ampère.
Beethoven.
Buffon.
Cavour.
César (Jules).
Charles XII.
Colomb (Christo-
  phe).
Cook.
Cuvier.

Dante.
Daubenton.
De l'Orme (Phili-
  bert).
Desaix.
Franklin.
Girard (Philippe de).
Goethe.
Goujon (Jean).
Gutenberg.
Kléber.

La Fontaine.
La Pérouse.
Lavoisier.
Livingstone.
Louvois.
Magellan.
Mahomet.
Mansart (Les deux).
Michel-Ange.
Mirabeau.
Montyon.

Mozart.
Napoléon Ier.
Necker.
Oberlin.
Puget (Pierre).
Serres (Olivier de).
Solon.
Stephenson.
Washington.
Watt.

18786 — IMPRIMERIE GÉNÉRALE LAHURE

9, Rue de Fleurus, 9.

www.ingramcontent.com/pod-product-compliance
Lightning Source LLC
LaVergne TN
LVHW050601090426
835512LV00008B/1290